广东省创业投资行业发展报告 2016

《广东省创业投资行业发展报告2016》编写组 编著

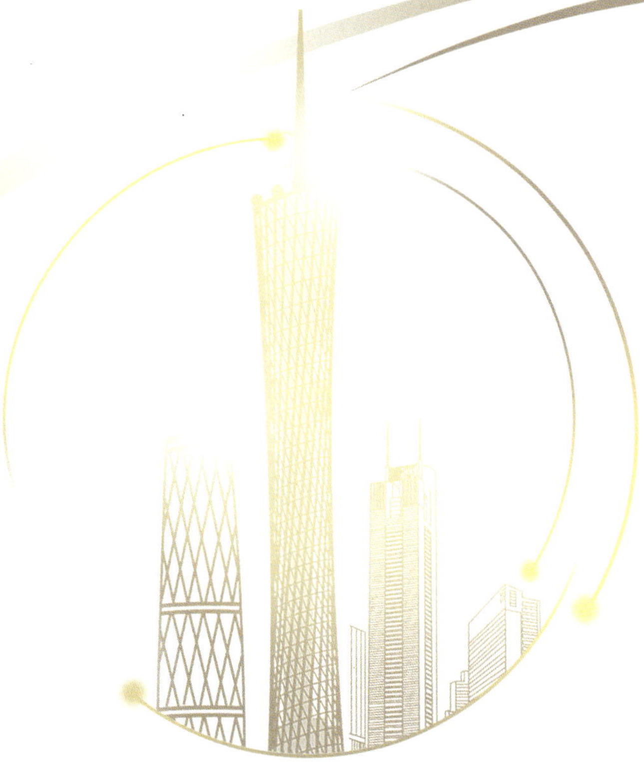

中国·广州

图书在版编目（CIP）数据

广东省创业投资行业发展报告2016/《广东省创业投资行业发展报告 2016》编写组编著. —广州：暨南大学出版社，2016. 11
ISBN 978－7－5668－1984－0

Ⅰ. ①广…　Ⅱ. ①广…　Ⅲ. ①创业投资—研究报告—广东—2016　Ⅳ. ①F832. 48

中国版本图书馆 CIP 数据核字(2016)第 261757 号

广东省创业投资行业发展报告 2016
GUANGDONGSHENG CHUANGYE TOUZI HANGYE FAZHAN BAOGAO 2016
编著者:《广东省创业投资行业发展报告 2016》编写组

出 版 人: 徐义雄
责任编辑: 黄圣英　何镇喜
责任校对: 李林达　刘雨婷
责任印制: 汤慧君　周一丹

出版发行: 暨南大学出版社（510630）
电　　话: 总编室（8620）85221601
营销部（8620）85225284　85228291　85228292（邮购）
传　　真:（8620）85221583（办公室）　85223774（营销部）
网　　址: http：//www. jnupress. com　http：//press. jnu. edu. cn
排　　版: 广州市天河星辰文化发展部照排中心
印　　刷: 深圳市新联美术印刷有限公司
开　　本: 787mm×1092mm　1/16
印　　张: 9
字　　数: 176 千
版　　次: 2016 年 11 月第 1 版
印　　次: 2016 年 11 月第 1 次
定　　价: 45. 00 元

前　言

在我国经济发展进入新常态和“大众创业、万众创新”的战略背景下，广东省社会经济和产业发展正处于转型升级关键时期。创业投资作为一股重要的创新创业力量，对广东未来经济发展和产业转型承载着非常重大的责任，也具有非常巨大的发展潜力。因应这一趋势，广东省风险投资促进会、暨南大学产业经济研究院和广东正中珠江会计师事务所（特殊普通合伙）共同组建了以暨南大学产业经济研究院师生为主体的《广东省创业投资行业发展报告 2016》编写组（以下简称“编写组”），经过一年的努力，编写了《广东省创业投资行业发展报告 2016》。该报告力求在实证调研和现有可获取数据的基础上对广东省创投行业的发展概况、发展环境、资本进入、资本退出、投资绩效、投资案例、区域比较等进行描述和分析，并提出对未来广东创投行业发展环境和前景的展望。

基于这一工作的必要性和重要性，我们不昧浅陋，在能力和条件并不完全具备的情况下，进行了这一编写尝试。我们认为，做事情总要有一个开头，不能等到条件都成熟了才去做。尽管我们在一开始就知道这是一件很困难的工作，但在实际编写过程中所遇到的困难还是超过了我们的想象。尽管我们已经采用了一切可以采用的方法，利用了一切可以利用的渠道来获取和筛选数据资料，但数据的可获得性、数据的匹配性和不同来源数据的可比较性仍然令人不太满意。所以，许多时候，我们在分析中只能将不同来源的数据分别列出，它们在多大程度上反映了广东省创投的现实我们还很难做出明确的判断。但我们坚信，只要走出了艰难的第一步，只要用心坚持，只要能够得到行业和读者的支持，我们就能一步一个脚印地把这件事情做好。

该报告能以现在这样的形式呈现给大家，首先要感谢许多单位和专家的无私相助。广东省沃土企业成长研究院执行院长李纬博士参加了报告从思路到提纲的讨论，提出了许多建设性的建议，并就数据的获取和整理给予了专业性指导和帮助；投中集团、清科集团和广东省粤科金融集团慷慨地为我们免费提供了许多相关数据资料和案例。没有他们的帮助，这份报告的编写工作是根本无法完成的。当然，报告中存在错误和不足完全由编写者负责。

编写组

2016 年 10 月

CONTENTS 目录

第一章

广东省创业投资发展概述

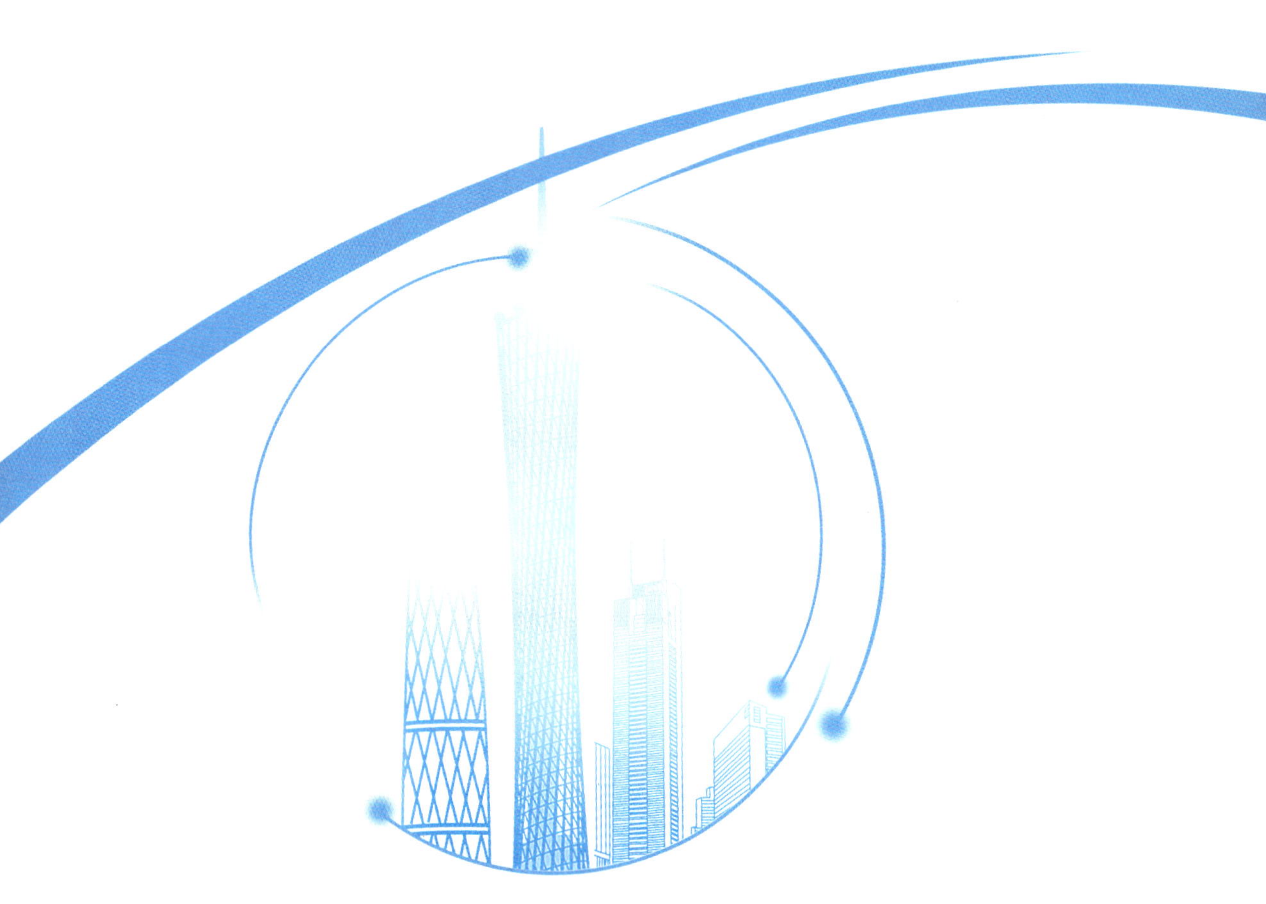

创业投资是专业的机构（企业）将所筹集到的资本以股权、准股权或者具有附带条件的债权等形式，向那些不能借助传统的融资渠道集聚资本的、具有高成长性的、未上市的机构（企业）提供新增资本，或通过支持 MBO 和 MBI 等活动①，为机构（企业）重组进行融资的一种投资行为。

创业投资不同于传统性质的投资方式，它是一种具有较大风险性并且聚焦于资本长期增值的权益性投资。它不仅需要一批专职的创业投资家来负责运作，而且需要在成熟的资本市场环境和特定的激励约束机制条件下进行活动。创业投资的产出也不同于传统投资的产出，它产出的是一些具有较大竞争潜力和可预期发展前景的项目型企业。创业投资的价值体现在不仅它能给投资者带来高额的投资回报，而且还可以通过技术转移和创新来加快高科技产业发展，并培育出具有长远发展愿景的新兴产业，促进产业结构不断优化升级和商业模式转型。

本章我们首先对广东省创业投资发展的历程和现状做一个概要性的分析。

第一节　广东省创业投资的发展历程和特点

一、发展历程

（一）萌芽初创时期

广东省是中国创业投资行业发展较早的省份之一，早在 1992 年就成立了全省第一家创业投资公司——广东省科技创业投资公司。2000 年 9 月，广东省成立了全国第一家由省政府授权经营的创业投资集团公司——广东省风险投资集团（现改名为广东省粤科金融集团）。该集团建立了支持早、中、后期科技型中小微企业发展全过程、全链条的基金体系，涵盖种子基金、天使基金、风险投资基金、PE、产业基金、区域基金、并购基金、母基金等。目前该集团管理及参股的基金总规模达 330 亿元，通过组建、设立和管理各类基金，实现国家、省、市财政资金三级联动。

---

① MBO：管理层收购（Management Buy - Outs），即公司的经理层利用借贷所融资本或股权交易收购本公司的一种行为，从而引起公司所有权、控制权、剩余索取权、资产等变化，以改变公司所有制结构，通过收购使企业的经营者变成企业的所有者。MBI：管理层换购（Management Buy - Ins），它是管理层购出的衍生形式，指在公司中由新的管理班子取代现任的管理层，并由其收购、控制公司。当一家公众公司被其管理班子购买时，它被称为“私有化”，因为该公司不再是公众的。

（二）稳步发展时期

这一时期，广东创业投资企业通过提供股权投资和增值服务等方式，培育出如金蝶软件、广东榕泰、广东鸿图、大族激光、广东天普、东江环保、科兴生物、迈瑞医疗等一大批创新型科技企业。除了国内资本积极参与投资之外，广东省创业投资企业与国外创投资本的联系也日趋活跃，例如 IDGVC 在 21 世纪初就在广州设立了自己的分支机构、广州市风险投资公司与美国梧桐基金建立了深度合作关系。

（三）成长壮大时期

随着 2008 年全国相继推出创业投资引导基金及相关政策，各地对于创业投资基金的关注度不断升温，广东省抓住这一有利契机，相继在深圳、广州、中山等城市设立创业投资基金，大力扶持各类型的创投企业发展。肇庆、珠海、东莞等其他地区则根据自身特点出台针对性的鼓励政策，从市场准入、税收、人才、办公条件等方面增强对创投行业的支持。

从整体上看，当前广东省创业投资行业正处于迅速扩张的高速发展阶段，具有较大的发展潜力和发展前景。

二、主要特点

回顾广东省创业投资发展历程，可以看出以下三个特点：

（一）创投企业数量和质量均位居全国前列

据《中国创业风险投资发展报告 2015》显示，从 2005 年到 2014 年，广东省一直是国内创投行业发展最为活跃的地区之一，创投企业数量、资本总额、创投项目（案例）等主要指标一直处于国内的领先地位。具体而言，截至 2014 年底，广东创投企业投资项目占全国总量的 10% 左右，创投企业总量排名全国第七，管理资产规模排名全国第三，投资项目数量位居全国第三位，投资强度稳居全国前四位。[①] 广东省一直是国内创业投资最为活跃的地区之一。

另据广东省发改委和深圳金融办提供的数据显示，广东省未备案的创投企业主要集中在深圳，至 2015 年底，深圳拥有创投机构接近 1 000 家，管理创投资本数额 1 000 亿元，约占全国规模的 1/3。[②] 由此可见，资本实力雄厚已成为广东省创业投资行业发

---

① 王元等．中国创业风险投资发展报告 2015［M］．北京：经济管理出版社，2015：58 – 81．

② 数据来源：广东省证监局和深圳金融办数据库。

展的显著特征。

（二）创投行业在推动科技创新过程中扮演着重要角色

广东创投行业的发展使得高新科技成果转化率提高，培育出一大批业内知名的科技型企业，做大做强了一大批具有行业代表性和发展前沿性的科技类上市企业，助推广东省科技创新能力的不断提高。据广东省发改委的统计，截至2015年底，广东省备案创投企业累计投资案例2 597个，投资695亿元。另据投中公司的统计，截至2015年底，深圳创投机构和管理机构（包括未备案创投企业）累计投资近4 000个项目，管理资产400多亿元，数百个被投企业在境内外成功上市，尤其值得称道的是当前创业板一半以上的上市公司是深圳市创投企业所投资的，这些上市公司如风华高科、同洲电子、远望谷、分众传媒等企业业已成为高科技类标杆企业。[①] 在行业领域中，广东省创投企业重点关注电子元器件、LED及光电子、移动终端、医疗器械、生物医药、智能机器人（含无人机、智能船）等相关行业的创新发展。

（三）创投企业在实践中不断创新并探索出一系列独具特色的经营管理模式

1. 国际化的基金管理运作模式

国内最大的创业投资公司之一——深圳市创新投资集团公司采取的就是国际化基金管理运作模式。深圳市政府、创投企业及民营资本分别出资5亿元、2亿元、10亿元，实现股权多元化；与新加坡大华银行、以色列机构分别合作成立中新基金和中以基金，托管境外20多家合作基金，实现国际化；与22支地方政府引导基金合作，实现全国化。

2. 市场化的基金管理运作模式

国内首家经政府批准设立的直接投资基金大型专业管理机构——深圳中科招商就是采用这种市场化基金管理运作模式，它管理着数十支创业投资基金，委托代管全国社保基金数十亿元。

3. “产学研”三方合作的商业投资模式

如深圳力合创投由清华大学出资成立，采用“产学研”合作商业投资模式，将创业投资与企业孵化、科技创新三者有机结合，实现技术资源利用和投资效益的最大化。

4. 集团化运作模式

总部位于广州的粤科金融集团采用集团化运作模式，打造了多个创投发展平台，

---

① 数据来源：投中公司数据库。

如重大科技专项创投平台：由粤科金融集团联合工商银行广东省分行、建设银行广东省分行共同发起设立，母基金规模45亿元，重点投向九大类重大科技专项领域；区域发展平台：肇庆、佛山、江门、惠州等五家区域性投资公司已参股投资30余家科技型中小企业，投资金额超过5亿元；产业投资平台：粤科金融集团与中国银河证券股份有限公司联合发起设立，基金总规模50亿元，是广东省首支与央企合作设立的大型产业基金；股权众筹平台：广东省粤科众筹股权交易股份有限公司。由粤科金融集团、中科招商集团等联合发起设立，以高起点、高标准、高质量打造国有航母级互联网投融资平台。

第二节　广东省创业投资发展现状

一、广东省创投企业及其项目的数量规模与分布

随着经济的持续增长，经济体制改革的逐步深化，广东省创投环境的日趋完善，创投氛围也逐步浓厚。加之资本市场日趋活跃，国家货币政策相对宽松，尤其是近年来大众创业、万众创新的时代理念深入民心，使得创投行业发展前景日趋明朗，广东省创投企业数量和投资项目不断增多，呈现出快速发展的良好趋势。

从创投企业数量来看，据广东省发改委的相关统计，从2005年到2015年，广东省创投企业的数量（已备案）从31家增长到129家，增长了3倍以上。其中，2007年到2011年，每年的增长数量均超过10个（见表1-1）。①

从创业投资项目来看，据广东省发改委的相关统计，从2005年到2015年，广东省创投企业（已备案）投资项目（案例数）从379个增长到2 597个，增幅达到500%以上（见表1-2）。②

① 数据来源：广东省发改委备案数据库。
② 数据来源：广东省发改委备案数据库。

表 1－1　广东省创投企业数量增长情况（已备案）

年份	年度数量（家）	比上年新增数量（家）
2005	31	1
2006	34	3
2007	49	15
2008	62	13
2009	78	16
2010	99	21
2011	115	16
2012	121	6
2013	125	4
2014	128	3
2015	129	1

表 1－2　广东省创投企业投资项目（案例）增长情况（已备案）

年份	当年新增投资（个）	历史累计投资（个）
2005	59	379
2006	59	438
2007	161	599
2008	160	759
2009	221	980
2010	298	1 278
2011	415	1 693
2012	269	1 962
2013	231	2 193
2014	255	2 448
2015	149	2 597

上述仅仅是已备案创投企业的数据，并未包括未备案的创投企业情况，据投中机构的调查统计显示，截至2015年，广东省创投企业数量（已备案和未备案）达到775家，投资项目数千个。

二、广东省创投企业及其项目的资本规模与分布

根据广东省发改委的相关调查统计显示，在 2006 年到 2015 年这一时间段，广东省创投企业（已备案）管理资本从 95.28 亿元增长到 695.23 亿元，增幅达到 600% 以上（见表 1－3）。[①]

从投资结构来看，按照现有通行标准，2006 年到 2015 年，创投企业自身创业投资的资本金额从 66.48 亿元增长到 322.99 亿元，占比由 69.77% 下降到 46.46%；投资其他创投企业的资本金额由 24.26 亿元增长到 45.59 亿元（2006—2010 年缺少数据）；固定收益类投资金额从 1.67 亿元增长到 14.24 亿元；货币资金金额从 6.17 亿元增加到 78.02 亿元；自用固定资产金额从 2.79 亿元增长到 6.03 亿元（见表 1－3、表 1－4）。[②]

表 1－3　广东省创投企业管理资本结构分布情况（已备案）

年份	管理资本金额（亿元）	创业投资金额（亿元）	投资其他创投企业金额（亿元）	固定收益类投资金额（亿元）	货币资金金额（亿元）	自用固定资产金额（亿元）	其他资产金额（亿元）
2006	95.28	66.48	—	1.67	6.17	2.79	18.16
2007	106.76	77.23	—	2.08	8.66	2.84	15.96
2008	132.07	83.18	—	3.24	16.41	2.53	26.71
2009	208.66	133.42	—	16.25	24.75	2.62	31.63
2010	331.38	176.71	—	8.12	43.40	4.00	74.90
2011	455.73	240.65	24.26	7.61	55.00	6.30	137.46
2012	497.87	274.20	8.72	9.302	58.51	5.01	123.01
2013	576.68	312.46	27.83	16.52	66.39	5.17	117.10
2014	684.11	319.83	59.03	14.24	72.98	6.04	225.44
2015	695.23	322.99	45.59	14.24	78.02	6.03	228.36

① 数据来源：广东省发改委备案数据库。
② 数据来源：广东省发改委备案数据库。

表 1-4 广东省创投企业管理资本结构分布占比（已备案）

年份	创业投资金额占比（%）	投资其他创投企业金额占比（%）	固定收益类投资金额占比（%）	货币资金金额占比（%）	自用固定资产金额占比（%）	其他资产金额占比（%）
2006	69.77	0.00	1.76	6.48	2.93	19.06
2007	72.34	0.00	1.95	8.11	2.66	14.95
2008	62.98	0.00	2.45	12.42	1.91	20.23
2009	63.94	0.00	7.79	11.86	1.25	15.16
2010	53.33	7.32	2.45	13.10	1.21	22.60
2011	52.81	1.91	1.67	12.07	1.38	30.16
2012	55.07	5.59	1.87	11.75	1.01	24.71
2013	54.18	10.24	2.87	11.51	0.90	20.31
2014	46.75	6.66	2.08	10.67	0.88	32.95
2015	46.46	6.56	2.05	11.22	0.87	32.85

从上面的数据我们不难看出，一方面，广东省创投企业资本整体实力较为雄厚，资本运用能力和潜力巨大；另一方面，创投企业的投资行为更趋多元化和分散化，由最初的单打独斗式、限于自身创业投资的单一模式逐步扩展到投资其他创投企业、固定资产保值增值、货币基金增值等多元模式，创业投资的专业化趋势明显。

三、广东省创投企业从业人员规模与分布

创投行业作为蓬勃发展的新兴行业，离不开各类专业人才。广东省创投企业的发展迅速与其较好的人才条件密切相关。

按照从业人数来看，根据广东省发改委的调查统计，从 2007 年到 2014 年，广东省创投企业（已备案）从业人数从 429 人增长到 1 950 人，增幅约 350%（见表 1-5）。[①]

① 数据来源：广东省发改委备案数据库。

表 1－5　广东省创投企业从业人员数量增长情况（已备案）

年份	年末人数（人）	较上年增加数（人）	增长率（%）
2007	429	17	4. 13
2008	731	302	70. 4
2009	899	168	22. 98
2010	1 117	218	24. 25
2011	1 608	491	43. 96
2012	1 891	283	17. 6
2013	1 966	75	3. 97
2014	1 950	－16	－0. 81

按照学历构成来看，从 2007 年到 2014 年，博士人数由 26 人增加到 141 人，占比 5% 以上；硕士人数由 182 人增加到 861 人，占比 44% 以上；本科人数由 155 人增加到 699 人，占比 35% 以上，本科以下人数由 66 人增加到 249 人，占比 10% 以上（见表 1－6）。①

表 1－6　广东省创投企业从业人员学历构成情况（已备案）

年份	博士人数（人）	博士人数占比（%）	硕士人数（人）	硕士人数占比（%）	本科人数（人）	本科人数占比（%）	本科以下人数（人）	本科以下人数占比（%）
2006	22	5. 34	175	42. 48	147	35. 68	68	16. 50
2007	26	6. 06	182	42. 42	155	36. 13	66	15. 38
2008	38	5. 20	324	44. 32	272	37. 21	97	13. 27
2009	48	5. 34	389	43. 27	344	38. 26	118	13. 13
2010	67	6. 00	493	44. 14	430	38. 50	127	11. 37
2011	91	5. 66	655	40. 73	670	41. 67	192	11. 94
2012	110	5. 82	838	44. 32	709	37. 49	234	12. 37
2013	150	7. 63	838	42. 62	742	37. 74	236	12. 00
2014	141	7. 23	861	44. 15	699	35. 85	249	12. 77

① 数据来源：广东省发改委备案数据库。

按照创投企业从业人员职位分布来看，从2007年到2014年，从事创业投资的人数从211人增加到791人，占比40%以上；从事企业管理的人数由165人增加到492人，占比25%以上；从事投资咨询的人数由101人增加到321人，占比15%以上；从事技术研发的人数由75人增加到201人，占比10%以上；从事市场营销的人数由33人增加到157人，占比5%以上；从事上市辅导的人数由88人增加到252人，占比10%以上（见表1-7）。①

表1-7 广东省创投企业从业人员职位分布情况（已备案）

年份	创业投资（人）	企业管理（人）	投资咨询（人）	技术研发（人）	市场营销（人）	上市辅导（人）	政府机构（人）	学校毕业（人）
2006	205	132	77	74	34	68	46	67
2007	211	165	101	75	33	88	51	67
2008	282	259	173	89	48	131	60	103
2009	318	291	180	112	72	143	75	143
2010	403	340	229	126	98	172	81	92
2011	647	452	317	175	125	238	88	66
2012	824	513	334	215	133	262	91	92
2013	860	492	314	211	158	256	95	79
2014	791	492	321	201	157	252	93	91

从以上的数据我们可以看出，首先，广东省创投企业的人数基数逐年增大，形成了一支人员积淀深厚、搭配分工合理的团队；其次，广东省创投企业的从业人员学历分布呈现出高端人才引领、中端人才坚守、一般人才成长的现实格局，这有利于创投团队内部各层级职能特点的充分发挥、人员结构优化、企业和项目投资效率提升；再次，广东省创投企业内部结构分工合理明确，投资人和管理层负责上层资本运作与投资管理等目标性工作，营销、咨询、研发与上市辅导层则从事一线投资、技术支撑、项目营销等事务性工作，两者相互协作、相互支持，保持企业发展的连续性和生命力。

① 数据来源：广东省发改委备案数据库。

四、广东省创投企业所有制结构与分布

创投企业的所有制结构一般分为中资（国资）、中外合资、外商独资三大类。

从广东省发改委的调查统计来看，从2006年到2015年，广东省创投企业（已备案）中，中资企业数量由17家增加到了128家，占比95%以上（2006年除外），中外合资企业数量和外商独资企业数量合计最多仅有2家，占比不足5%（2006年除外）（见表1-8）。[①] 从投中公司的调查数据来看，情况类似。775家创投企业（已备案和未备案）中，中外合资企业为24家，外商独资企业为11家，两者占比为4.5%，其余绝大多数为中资企业，占比95%以上。[②]

表1-8 广东省创投企业所有制结构分布情况（已备案）

年份	中资企业（家）	中资企业占比（%）	中外合资企业（家）	中外合资企业占比（%）	外商独资企业（家）	外商独资占比（%）
2006	17	94.44	1	5.56	0	0.00
2007	21	95.45	1	4.55	0	0.00
2008	31	96.88	1	3.13	0	0.00
2009	45	97.83	1	2.17	0	0.00
2010	70	97.22	1	1.39	1	1.39
2011	96	97.96	1	1.02	1	1.02
2012	104	99.05	1	0.95	0	0.00
2013	118	99.16	1	0.84	0	0.00
2014	119	99.17	1	0.83	0	0.00
2015	128	99.22	1	0.78	0	0.00

由此我们不难看出，一方面，创投企业中的中资企业占有较大比重，表明国内资本对于创投行业的重视程度较高，加之政府相关部门的鼓励扶持，使得中资进入创投企业的门槛相对不高；另一方面，中外合资、外商独资企业比重偏小，表明外部资本在政策适应、市场反应、投资回报等方面仍有较多疑虑。这些不确定性因素的存在，

① 数据来源：广东省发改委备案数据库。

② 数据来源：投中公司数据库。

使得外资难以以较快的速度和较大的信心进入中国创投行业。中资与外商独资之间的竞争关系，中资与外资在人员引入、资本管理方式、投资目标规划、政策实施衔接等方面的差异也是两者合作不足的一个重要原因。

第三节 广东省创业投资区域发展概况

一、深圳创业投资发展概况

深圳是全国创业投资市场的三大核心区域之一。据投中公司的调查统计，截至2015 年，深圳市较为活跃的创业投资企业数量达到600 多家（已备案和未备案），管理资本规模已经达到数千亿元，无论是数量规模还是质量效益，都在全国范围内处于领先位置。① 深圳之所以在创投行业领域保持着领先地位，究其原因，可以从以下四个方面体现出来：

（一）创投领域政策支持厚实

早在1997 年9 月，深圳市委市政府就牵头成立了深圳科技风险投资领导小组。此后，为了充分发挥政府资金的引导作用，带动深圳市风险投资的发展，深圳于1997 年12 月、1998 年4 月和1999 年8 月，分别出资2 000 万元、5 亿元和5 亿元组建了中科融投资顾问有限公司、深圳市高新技术创业投资公司和深圳市创新科技投资有限公司，这些政府资金发挥了良好的引导效果。同时，深圳市政府出台了一系列促进创业投资发展的法规政策。1999 年9 月出台了《关于进一步扶持高新技术产业发展的若干政策》（简称“22 条”），其中规定：凡在深圳注册、对高新技术产业领域的投资额占其投资额的比重不低于70% 的，比照执行高新技术企业税收及其他优惠政策（企业所得税“两免八减半”），可按当年总收益的3% ~5% 提取风险补偿金，用于补偿以前年度和当年投资性亏损。2000 年10 月在全国率先颁布了由地方政府制定的第一部有关风险投资的规章，即《深圳市创业资本投资高新技术产业暂行规定》，为创业投资机构的设立和经营管理制定了较为完善的“游戏规则”。

（二）创投市场环境自由活跃

深圳作为我国新时期最早开放的地区之一，市场经济活跃程度较高。迅猛发展的

① 数据来源：投中公司数据库。

高新技术产业，相对完善、健全的技术市场体系和发达的资本市场，每年一届的“中国国际高新技术成果交易会”的召开，都为深圳创业投资发展提供了相对完备的市场环境。优越的市场环境吸引了众多国内外创业投资机构到深圳开展业务，甚至许多母公司在外地如上海、湖南等地的风险投资机构选择把深圳作为注册地，以此为跳板开拓国内和国际市场。

（三）创投行业文化氛围浓厚

深圳拥有中国内地两家证券交易所之一的深圳证券交易所（简称“深交所”），而且中小企业板设在深交所内，这赋予深圳发展创业投资市场独一无二的行业区域优势。深圳作为一个年轻的城市，没有其他大城市的历史包袱，拥有大量的创业机会和创新活力，作为中国改革前沿的试验区，深圳已形成了容忍失败、协同共享的文化氛围，这都为创业投资发展营造出了一种宽松活跃的氛围。

（四）创投区域合作机遇众多

深圳毗邻香港，欧美发达国家私人股权和创业投资合伙人便于通过香港进入中国内地寻找各种投资机会。这对深圳是一个机遇，可以借助香港为平台，大力引入外国资本投入到创投行业当中。特别是随着 CEPA 的顺利实施以及香港经济与内地经济的进一步融合，深圳创投行业的发展前景更加广阔。

虽然深圳在创投行业发展过程中取得了一系列令人瞩目的成绩和收获，其发展仍然面临着不少困境和难题。首先，高等院校和科研院所数量不足，深圳缺少顶级的高等院校和科研院所，原始性创新能力欠缺，这是制约其创业投资发展的最大劣势；其次，缺乏宽阔的经济腹地的支持，深圳囿于自身土地面积的相对狭小，缺乏产业发展纵深，深圳创投行业发展的后劲动力可能不足；再次，面临与周边其他城市的竞争。深圳一直面临着与广州的竞争，广州作为广东省政治、经济和文化中心，对深圳的发展在客观上具有一定的牵制作用。无论是人才吸引、招商引资，还是科技创新、教育培训等，两者各有优势。深圳必须通过不断调整目标定位，发挥自身优势特色，扬长避短，才能在竞争中立于不败之地。

二、广州创业投资发展概况

广州作为中国第一家中外合作的创业投资公司（IDGVC）的诞生地（1994 年），一直以来在珠三角创投行业领域名列前茅。据投中公司的调查统计，截至 2015 年，广州市创业投资企业数达到数百家（已备案和未备案），资本管理规模（已备案和未备案）已经达到600多亿元，在华南地区仅次于深圳市。[①] 广州在创投行业领域保持着较为重要的地位并取得可喜的成绩，究其原因，主要体现在四个方面：

（一）创投资金储备充足

广州作为广东省政治、经济、文化中心，其经济发展整体实力雄厚，经济规模名列全国前三位，经济发展速度长期保持在一个较为稳定的中高水平。广州资本市场上的社会资金也同样较为充裕，各类型国有银行存差保持在数千亿元，意味着每年有数以千亿计的资金流动，为创投行业快速发展奠定了坚实基础。

（二）创投科技与人才资源丰富

广州作为华南地区最密集的科技资源区域，不但拥有中国科学院等多家顶级研究所，而且拥有中山大学、华南理工大学、暨南大学等“985”和“211”高等学府，原始性创新能力较为强大，这为广州创业投资市场的发展创造了一个坚实的科技基础支撑。除此之外，广州创投行业的发展拥有无可比拟的人才优势。区内各类型人才集中，留学人才资源较为丰富，每年开办的留交会为创业投资的发展提供了大量熟悉国际惯例和文化的企业管理与金融人才。

（三）创投行业扶持政策多样

广州市政府对创新创业日益重视，进而逐步加大各类资源投放力度，出台了一系列鼓励和促进创投行业发展的法律法规，其中最有代表性的举措是在2001年颁布了《广州市促进风险投资业发展若干规定》，对创投行业的准入条件、经营范围、管理规模、税收优惠、科技支持等方面提出了一系列针对性强、灵活程度高的激励支持措施。

（四）私人股权投资潜力巨大

私人股权在欧美发达国家和地区一直被视为创业投资的一个部分，广州作为中国私人股权资本最为活跃的地区之一，这一领域的发展潜力尚未被充分开发，一旦受到重视并付诸大规模行动，其将成为广州创投行业一个大的发展机遇。同时，广州作为中国第三大金融资产中心，各类型金融机构密集布局，一旦条件成熟，广州的创业投资发展将更加迅速。

广州创投行业的发展也存在着不少劣势和问题。首先，创新动力相对不足。作为千年古城，其守成的文化氛围比较浓厚，较为缺乏创新进取的创业精神，而且对失败

---

① 数据来源：投中公司数据库。

的容忍度有待提高。其次，广州一直以来并没有建立起符合市场化机制的科技成果转化机制，产学研一体化程度不高。科技成果转化率偏低，使得科技产业发展亟待进一步提升科技含量。再次，相比于深圳创投行业中非国有资本众多的情况，广州创投资本来源大部分为国有资本，而国有资本现有的考核机制难以适应创投资本的特殊要求。

三、粤东、粤西、粤北地区创业投资发展概况

深圳、广州地区之外的广东省其他地区创业投资活动处于萌芽兴起阶段，甚至有些地区由于经济落后、制度环境较差、人才资源严重不足等问题，还未形成真正意义上的创业投资活动。据投中公司的调查统计，截至2015年，广州、深圳以外的广东省其他地区的创投企业数量仅为几十家（已备案和未备案），管理资本规模仅为数十亿元，发展基础相对薄弱，整体实力不足。但这些地区具备一定的发展潜力，如果自身能够充分把握机会，加之外部环境的逐步改善，其未来发展前景依然看好。

第二章
广东省创业投资发展环境

创业投资环境主要指的是各类型投资主体所要面临的客观条件。根据投资环境要素的物质形态属性的不同，创业投资环境可分为软环境与硬环境；根据投资环境研究层次的不同，可分为宏观投资环境、中观投资环境和微观投资环境三种；按照组成要素的不同，可分为经济环境、政治环境、科技环境、法律环境、基础设施环境、自然地理环境等；按照投资的国别，还可分为国际投资环境和国内投资环境。

第一节 创业投资的经济环境

创业投资的经济环境是指一定时期的经济发展水平、增长方式及运行制度。经济发展水平，是指一定时期内一个国家的经济总量和人均收入水平，它在很大程度上决定了创业资本的供给能力；经济增长方式，是指根据不同的创业投资市场需求选择不同的路径，主要有经济增长中的资本、技术、劳动等投入要素对经济增长的贡献程度；经济运行制度，是指创业投资过程中反映和决定创业投资参与者之间的关系和创业投资活动的方式，它反映了投资活动参与主体的关系和投资活动的模式。

广东省作为改革开放最早的沿海地区之一，经济发展一直以来保持着较高的平稳发展速度，据相关部门的统计，从 2001 年到 2014 年，其年均经济增长率为 11.6%，位于全国范围前列。同时，其经济发展规模更长期居于全国三甲行列。据相关部门的统计，2015 年，广东省地区生产总值（GDP）规模已经达到 7 万多亿元（见图 2 - 1）。[①] 广东省的各项国民经济指标均位于全国范围的领先地位，一方面为创投行业的发展奠定了雄厚的物质基础和资金供给，另一方面则为其壮大成熟提供了必要的产业保障和资源配给。

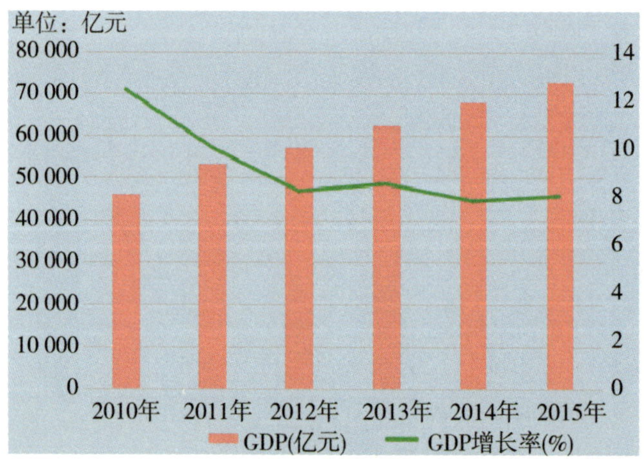

图 2 - 1 2010—2015 年广东省地区生产总值及增长率示意图

① 广东省统计局. 广东省统计年鉴（2001—2015）［M］. 北京：中国统计出版社，2015.

一、经济保持较快增长，增强创投行业发展动力

从经济发展速度层面来看，广东省自2001年到2014年，固定资产投资的年均增长速度达到16%；社会消费品零售总额的年均增长速度达到14.3%；地方财政公共预算收入的年均增长速度达到16.9%；规模以上工业企业增加值、主营业务收入及利润的年均增长速度分别达到16.5%、17.4%和19.2%；实际利用外商直接投资的年均增长速度达到5.8%；中资金融机构人民币存款和贷款余额的年均增长速度分别达到14.9%和14.7%。[①] 稳定持续快速的经济发展速度能够为创投行业提供更为强劲的增长动力和可观的效率激励。

二、经济规模日益增大，保障创投行业资本供给

从经济规模层面来看，广东省的固定资产投资，2015年的初步估算为30 031.2亿元；社会消费品零售总额，2015年的初步估算达到31 333.44亿元；地方财政公共预算收入，2015年的初步估算增长12%，其中税收达到7 375.93万元；规模以上工业企业主营业务收入和利润，2015年的初步估算分别达到117 461.73亿元和720 877亿元。[②] 持续扩大的经济发展规模能够为创投行业发展增添更为丰富的资本供给和通畅的资金渠道。

三、产业结构不断优化，提升创投行业发展活力

从产业结构层面来看，据初步估算，广东省2015年完成工业投资10 151.77亿元，同比增长20.8%。其中，高新技术制造业投资1 366.55亿元，增长35.8%，高于同期制造业投资11.3个百分点，其中医药制造投资增长49.9%，电子及通信设备制造投资增长32%，医疗设备及仪器仪表制造投资增长26%。尤其值得注意的是，第三产业增加值增长9.7%，对经济增长贡献率达57.1%，三次产业占比调整为4.6∶44.6∶50.8。先进制造业完成增加值14 712.70亿元，增长10%，占规模以上工业的比重达到48.5%，占比同比提高0.9个百分点；高新技术制造业完成增加值8 172.20亿元，

---

① 广东省统计局．广东省统计年鉴（2001—2015）［M］．北京：中国统计出版社，2015.

② 广东省统计局．广东省统计年鉴（2001—2015）［M］．北京：中国统计出版社，2015.

增长9.8%，占规模以上工业比重达到27.0%，同比提高1.9个百分点。[①] 不断调整优化升级的产业结构，尤其是高新技术产业的迅猛发展，能够为创投行业发展提供强有力的产业支撑和宽阔的活动空间。

第二节 创业投资的科技环境

创业投资的科技环境是创业投资的技术、项目供应源，是以科学研究及为科研成果的交易而产生的技术市场为主体的体系。科技成果转化具有的不确定性、高风险性、长期性和多阶段性的特点，为创业投资提供了项目空间。创业投资的顺畅运行离不开经济社会中各类市场的支持和发展，科技环境中技术市场就是这类市场中一个非常重要的组成部分，它对创业投资起着沟通、调节、评估和组织的作用。

改革开放以来，尤其是随着1998年“科技兴粤”口号的提出并付诸实践，广东省在科技发展、技术创新和培育高科技产业等领域投入了大量的人力、财力和智力资源，采取政治、经济、文化等多种手段方式，颁布出台了一系列旨在推动科技进步、技术升级换代、鼓励和支持高新技术产业发展壮大的政策措施，使自身在科技创新、技术扩散、高新产业集群塑造、高素质科技人才培养和引入、创新创业环境营造等方面取得了令人瞩目的进展和不俗的成绩。因此，科技环境的提升、优化和完善，一方面能够为创投行业发展提供源源不断的技术供给和资源配置，另一方面则为其快速拓展生存空间和增添联系渠道提供必要的先决条件。

从科研投入层面来看，据相关部门的统计，广东省的R&D经费支出金额从2006年的290亿元增长到2015年的1 820亿元，增幅达到500%以上（见图2-2）。[②] 由此可见，广东省对科研投入的重视程度比较高，通过较多的财政资源投入来获得较为丰厚的科技成果产出，实现科技资源的良性配置，客观上促使相当规模的资金流向注重科技创新和技术升级的创投行业，增强创投行业的资本实力。

---

① 广东省统计局．广东省统计年鉴（2001—2015）［M］．北京：中国统计出版社，2015.

② 广东省统计局．广东国民经济和社会发展统计公报（2006—2015）.

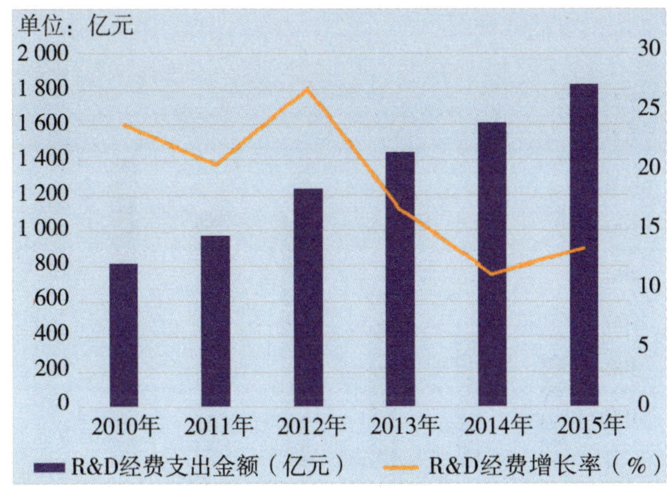

图 2－2　2010—2015 年广东省 R&D 经费支出金额及增长率示意图

从科研产出层面来看，据有关部门统计，广东省专利授权量从 2006 年的 36 894 个增长到 2015 年的 241 176 个，增幅达到 500% 以上（见图 2－3）。技术合同成交额从 2006 年的 112.23 亿元增长到 2015 年的 663.53 亿元，增幅接近 5 倍（见图 2－4）。[①] 广东省重视科技的知识产权化，将专利输出作为科技转化的核心重点，通过放大技术合同成交量这一手段提升科技转化效率，这从客观上为创投行业的发展提供所需的技术支撑和成果应用。

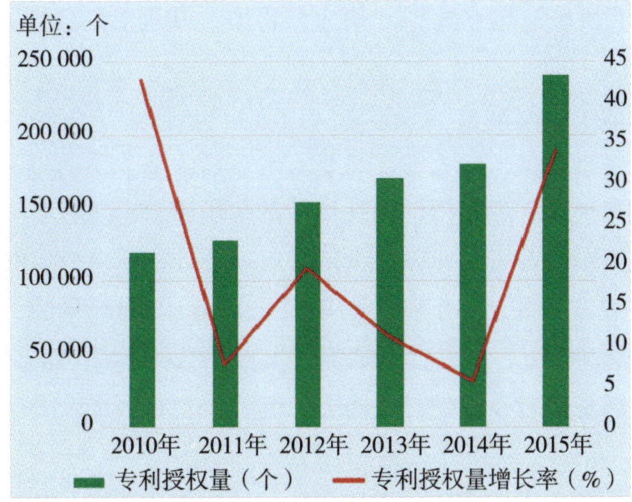

图 2－3　2010—2015 年广东省专利授权量及增长率示意图

① 广东省统计局．广东国民经济和社会发展统计公报（2006—2015）．

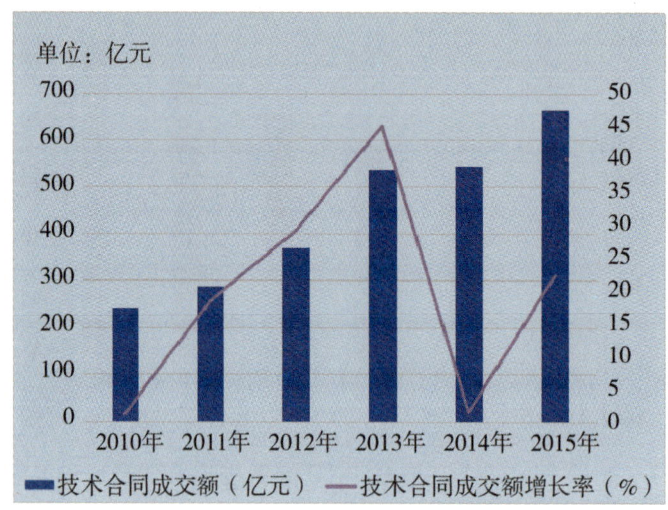

图 2-4　2010—2015 年广东省技术合同成交额及增长率示意图

第三节　创业投资的人才环境

创业投资行业需要的人才分为两类：一类是创业投资家，创业投资家是拥有高科技企业管理实践和金融投资实践能力的综合人才；另一类是技术创新人才，这一类人才是推动技术进步和产业变革的核心力量。美国著名的技术创新理论家考茨麦斯基说："创业投资业的发展一刻也离不开创业投资家，高素质的创业投资家是创业投资的灵魂。"[①] 归根到底，创业投资实际上是一种人才竞争，而良好的人才环境则是促进创业投资快速发展的重要因素。

长期以来，广东省既是人口大省，又是人力资源大省。其拥有的高等院校和科研机构数量不但在华南地区首屈一指，而且培养的各类型高端人才数量在全国范围也位居前列，每年源源不断向各行各业输送大量素质过硬、技术能力强的复合型人才。

从高等院校的数量来看，广东省的高等院校数量从 2006 年的 105 所增长到 2014 年的 141 所，增幅达 34%。[②] 广东省重视高等院校的发展，能够投入较多的各类资源来培育和发展高等教育。对于创投行业而言，它们可以依托各类高等院校来保障后备人才资源的有效供给。

从高等院校人员数量来看，广东省的高等院校在校学生数一直以来呈稳步增长趋

① 刘仲．考茨麦斯基谈技术创新［J］．中国国情国力，1995（4）．

② 广东省统计局．广东国民经济和社会发展统计公报（2006—2015）．

势。从 2006 年的 100.86 万人增长到 2014 年的 179.42 万人，增幅达 77% 以上，广东省高等院校毕业人数从 2006 年的 19.6 万人增长到 2014 年的 44.09 万人，增幅 120% 以上，[①] 对于创投行业而言，源源不断获得多元化、复合型的人才，能够进一步充实人才队伍。

从高等院校人才结构来看，广东省高等院校在校学生当中，攻读博士学位的人数从 2005 年的 9 049 人增长到 2014 年的 1 4169 人，增幅达 50% 以上，攻读硕士学位人数从 2005 年的 34 893 人增加到 2014 年的 72 399 人，增幅达 100% 以上。高校毕业人数当中获得博士学位人数从 2005 年的 1 342 人增加到 2014 年的 2 837 人，增幅达 100% 以上；获得硕士学位人数从 2005 年的 8 147 人增加到 2014 年的 22 701 人，增幅达 170% 以上。[②] 对于创投行业来说，应当充分挖掘中高端人才的智力潜力和技术能力，使其各司其职，各负其能。

第四节　创业投资的政策环境

创业投资的政策环境是指为鼓励和吸引创业投资所制定的特殊策略，包括产业政策、税收优惠政策、外汇管理政策、区域投资政策等。政策环境具有吸引创业投资的推动功能，能够直接引发并提高创业投资者投资的积极性。通过实施差别性的特殊政策能够对创业投资的行业方向、区域方向等起引导作用，从而达到改善区域投资结构的目标。

广东省创投行业的稳步快速发展，离不开一个法制完备、市场活跃、人才充足的政策制度环境。借助于各种政策激励，一方面能够激发创投从业者的自信心和创造力，调动其参与创投活动的积极性；另一方面则能够优化创投行业的结构布局，提升创投效能，降低可能存在的风险和不确定性。

从全省整体层面来看，广东省主要是从经济转型升级、创业带动就业、优化收入分配、科技创新、产业引导基金等方面来鼓励并支持创投行业的发展。如 2003 年颁布的《广东省促进创业投资发展暂行规定》对创投行业的准入条件、业务范围、组织形式、收益分配等进行了明确而清晰的界定，规定创业投资机构可以按当年总收入的 10% 提取风险补偿金，用于补偿以前年度和当年投资性亏损；2013 年出台的《广东省关于发展创业投资促进产业转型升级的意见》从实施新兴产业创业投资计划、建立天使投资人备案登记制度、鼓励各地对创业投资活动提供办公场所给予政策优惠、完善

① 广东省统计局．广东国民经济和社会发展统计公报（2006—2015）．

② 广东省统计局．广东国民经济和社会发展统计公报（2006—2015）．

创业投资融资担保服务体系、积极培育优质创业投资项目源等方面来对创业投资行业进行整理规范。

从省内不同地区来看，深圳、广州、珠海等创投发展较为成熟的地区根据本地区特点制定针对性强、独具特色的在地化政策规定。如2001年广州出台了《广州市促进风险投资业发展若干规定》，其中明确规定了风险投资公司的成立条件、注册资格，尤其是针对高新技术企业和中小企业，规定向本市高新技术企业、科技型中小企业的投资额在1 500万元以上或提供担保额5 000万元以上，经市科技行政管理部门认定后，按规定享受广州市高新技术企业优惠政策。2010年深圳出台了《关于促进股权投资基金业发展的若干规定》，其中明确规定对合伙制股权投资基金和合伙制股权投资基金管理企业采取“先分后税”方式，由合伙人分别缴纳个人所得税或企业所得税，适用5%～35%的五级超额累进税率计征个人所得税。合伙制股权投资基金的普通合伙人不征收营业税，股权转让不征收营业税。

从创投相关行业来看，广东省通过设立引导基金、建立孵化器及信贷风险补偿资金等方式手段来促进创投行业的发展。如2013年颁布的《广东省战略性新兴产业创业投资引导基金管理暂行办法》对战略性新兴产业进行创投的资金来源、管理方式、运作程序、申请条件、退出方式、风险控制等予以详尽规定。2015年颁布的《关于科技企业孵化器创业投资及信贷风险补偿资金试行细则》确立了全省范围内的科技企业孵化器的申请补偿条件、备案及补偿程序、补偿标准等。

第三章

广东省创业投资资本进入

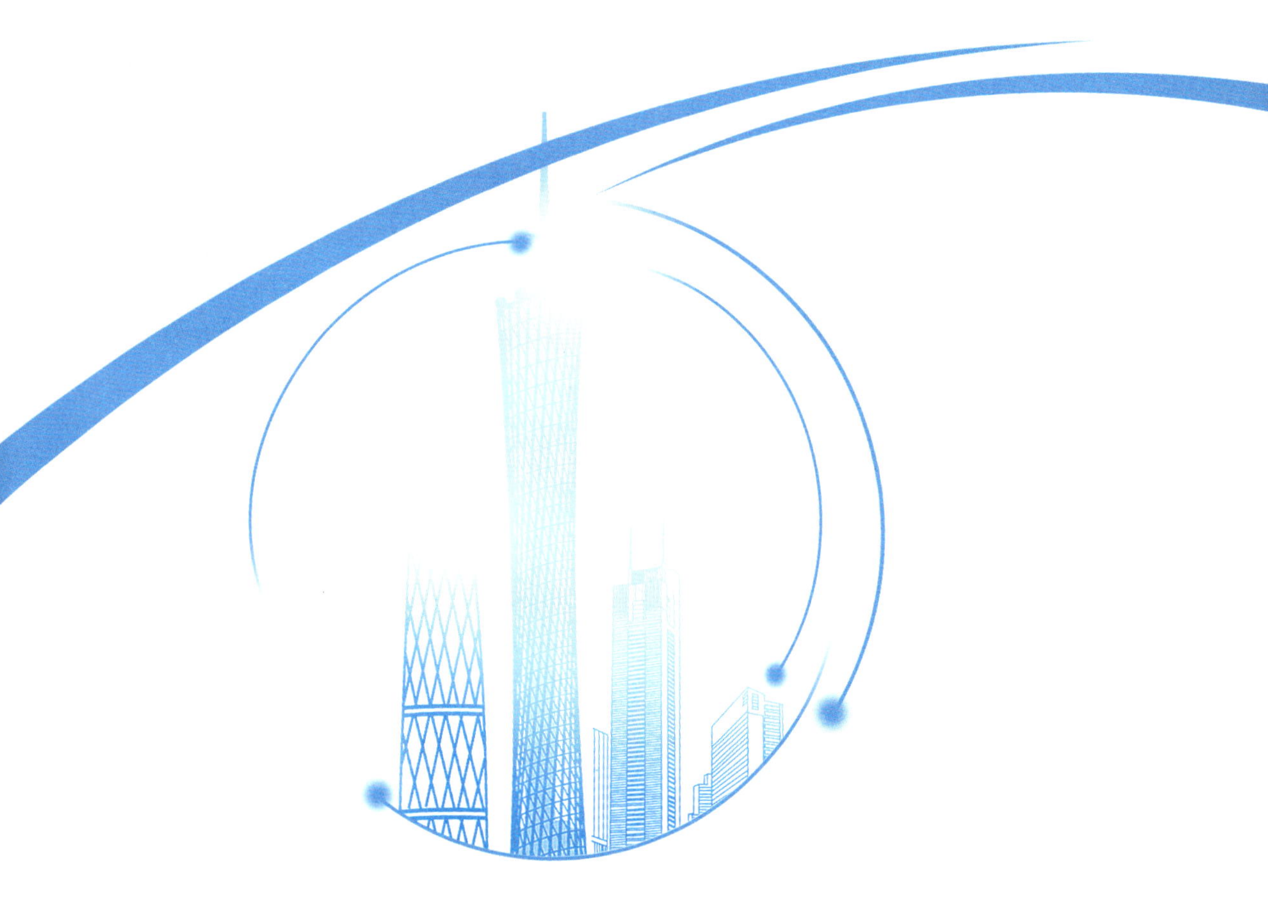

第一节 广东省创业投资资本进入行业分布

广东省作为产业大省，产业发展一直以来处于稳步优化调整的态势。第一产业、第二产业和第三产业比重逐年优化升级，从2005年的7%:51%:42%调整变化为2015年的4.6%:44.6%:50.8%。[①] 产业结构的升级变化使得创投行业的资本投入取向也随之进行不断调整，凸显出两者之间紧密的协同关系。

一、创投企业对于传统行业的投入保持相对稳定

根据广东省发改委的调查统计，从创业投资进入规模来看，从2010年到2015年，传统制造业每年的创业投资规模都基本保持在1亿元以上（2015年除外），占比总投资规模的5%以上；除了个别年份外，农业创业投资规模基本保持每年1亿元以上，占比总投资规模的2%以上（2013、2014年除外）；零售和批发业创业投资规模基本保持每年数千万元的范围内，占比总投资规模的1%以下（见表3-1、表3-2）。[②]

二、创投企业对于新兴产业的关注度和投入日益提高

根据广东省发改委的调查统计，创业投资对以网络产业、生物科技、新材料工业等为代表的新兴产业关注度与日俱增，从2010年到2015年，除个别年份外网络产业资本投入规模每年基本保持在1亿元左右，占比总规模达到2%以上，投资案例数量每年基本在5个以上，占比达到3%以上；除个别年份外生物科技资本投入规模每年接近2亿元外，总体占比达到3%以上，投资案例数量每年基本在10个以上，占比达到3%以上；除个别年份外新材料工业资本投入规模每年保持1亿元以上，占比达到8%以上，投资案例数量每年基本在9个以上，占比达到10%以上（见表3-1、表3-2）。[③]

三、创投企业对消费类行业的关注度持续提升

根据广东省发改委的调查统计，从医药保健、消费产品和服务及媒体和娱乐业来看，从2010年到2015年，除个别年份外医药保健资本投入规模每年保持在1亿元左右，占比达到2%以上，投资案例数量每年基本保持在6个以上，占比达到4%以上；

---

① 广东省统计局．广东国民经济和社会发展统计公报（2006—2015）.

② 数据来源：广东省发改委备案数据库。

③ 数据来源：广东省发改委备案数据库。

除个别年份外，消费产品和服务资本投入规模每年保持在 3 亿元以上，占比达到 10% 以上，投资案例每年则保持在 10 个以上，占比达到 6% 以上；除个别年份外，媒体和娱乐业资本投入规模每年基本保持在 1 亿元以上，占比则达到 3% 以上，投资案例数量每年基本在 6 个以上，占比达到 3% 左右（见表 3－1、表 3－2）。[①]

四、创投企业对于金融服务类行业的关注和重视程度稳定增强

根据广东省发改委的调查统计，从金融服务业来看，从 2010 年到 2015 年，除个别年份外投入金额基本保持在每年 1 亿元以上，占比 2% 左右；投资案例数量每年基本保持在 5 个以上，个别年份甚至是 40 个左右，占比约 10%（见表 3－1、表 3－2）。[②]

表 3－1　广东省创投企业资本进入行业分布情况表（按金额）（已备案）

单位：亿元

类别	2010 年	2011 年	2012 年	2013 年	2014 年	2015 年
软件产业	0.43	1.79	0.79	1.10	0.90	0.15
计算机硬件产业	0.02	1.05	0.64	0.04	0.16	0.05
网络产业	1.63	2.07	1.00	0.35	4.43	0.77
通信	1.18	1.35	1.59	0.24	0.60	—
IT 服务业	1.57	0.75	0.63	0.35	2.08	0.67
半导体	0.20	1.65	1.19	1.97	0.17	—
其他 IT 行业	0.54	0.86	0.67	0.43	0.21	0.33
环保工程	1.73	4.92	1.52	0.16	0.82	0.91
生物科技	1.93	2.95	1.46	1.42	2.90	0.26
新材料工业	6.98	8.15	4.77	1.95	1.94	0.65
资源开发工业	1.55	0.36	0.80	0.50	0.05	—
光电子与光机电一体化	5.26	5.94	2.09	2.61	1.78	0.007 5

① 数据来源：广东省发改委备案数据库。
② 数据来源：广东省发改委备案数据库。

（续上表）

类别	2010 年	2011 年	2012 年	2013 年	2014 年	2015 年
科技服务	0. 22	0. 28	5. 00	0. 63	1. 12	2. 03
新能源、高效节能技术	1. 16	3. 15	1. 63	1. 07	1. 02	5. 48
核应用技术	0. 65	—	—	—	0. 35	—
医药保健	2. 54	0. 70	1. 26	1. 04	0. 84	0. 39
消费产品和服务	7. 21	10. 10	8. 40	4. 05	3. 37	0. 086
媒体和娱乐业	4. 18	3. 20	2. 67	2. 69	1. 25	1. 00
传统制造业	4. 30	4. 49	1. 78	1. 59	2. 31	0. 30
农业	2. 19	2. 11	1. 54	0. 46	0. 88	1. 30
金融服务业	10. 00	9. 20	0. 86	5. 18	1. 89	0. 78
零售和批发业	0. 46	0. 15	—	—	0. 43	—
其他	11. 25	13. 60	15. 19	19. 13	15. 55	16. 37

表 3－2　广东省创投企业资本进入行业分布情况表（按案例）（已备案）

单位：个

类别	2010 年	2011 年	2012 年	2013 年	2014 年	2015 年
合计	298	415	269	231	255	117
软件产业	5	18	7	10	10	4
计算机硬件产业	1	6	1	1	2	3
网络产业	12	11	10	9	33	6
通信	10	12	8	5	14	0
IT 服务业	12	10	6	2	6	7
半导体	1	5	8	10	1	1
其他 IT 行业	8	8	5	4	2	2
环保工程	6	25	8	4	8	4
生物科技	10	17	5	11	17	3
新材料工业	30	42	22	14	12	9

（续上表）

类别	2010 年	2011 年	2012 年	2013 年	2014 年	2015 年
资源开发工业	3	1	3	1	1	0
光电子与光机电一体化	24	28	15	8	11	1
科技服务	4	7	9	10	8	6
新能源、高效节能技术	12	23	11	10	9	1
核应用技术	1	0	0	0	2	0
医药保健	13	6	12	11	9	3
消费产品和服务	20	31	25	15	11	3
媒体和娱乐业	10	6	8	12	2	1
传统制造业	18	16	12	7	12	3
农业	7	11	8	3	6	3
金融服务业	43	44	6	18	16	5
零售和批发业	1	1	0	0	2	0
其他	47	87	80	66	61	52

第二节　广东省创业投资资本进入区域分布

一般而言，从要素类型角度来看，创投资本会选择市场成熟程度较高、政策环境宽松活跃、融资渠道多样、人力资源丰沛的地区。从整体上看，广东省内各个区域在这些要素方面的发展不平衡，因此，创投资本的投入在广东省内的区域分布也呈现出一定的地域性特征。

创投企业的进入数量，根据投中公司的调查统计来看（未备案和已备案），截至2015 年，深圳市拥有的创投企业数量最多达 556 个；其次是广州市，创投企业数量达124 个；广东其他地区，珠海市有 30 个，佛山市有 28 个，东莞市有 23 个，中山市有 4 个，惠州市有 4 个，汕头市有 3 个，肇庆市、云浮市、梅州市各 1 个（见下图）。[①]

① 数据来源：投中公司数据库。

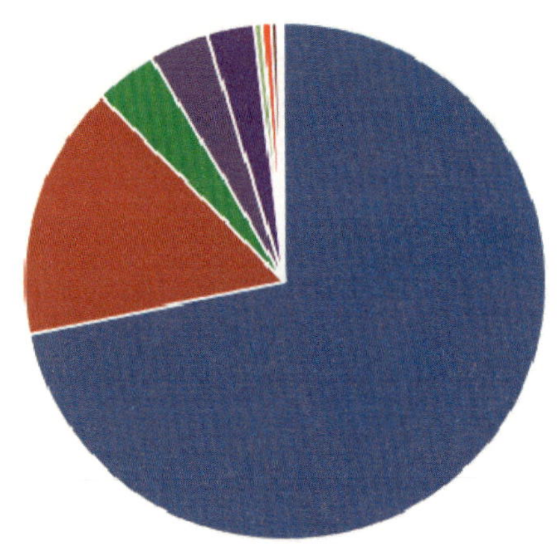

▪深圳市 ▪广州市 ▪珠海市 ▪佛山市
▪东莞市 ▪中山市 ▪惠州市 ▪汕头市
▪肇庆市 ▪云浮市 ▪梅州市

广东省创投企业数量区域分布结构图（已备案和未备案）

创投资本的投入规模，根据投中公司的调查统计来看，截至2015年，深圳市的创投投入规模是最大的，其总量接近千亿元；广州市次之，投入规模总量达到数百亿元；东莞、佛山、珠海三者合计起来投入规模达到上百亿元；中山、汕头、惠州、肇庆、云浮及梅州的投入规模仅为数十亿元。

整体来看，广东省创投资本进入的区域分布大致呈现出“两大多小，集中程度高”的格局。深圳、广州作为珠三角地区经济发达、市场化程度较高、人力资源丰富、融资环境宽松、资本交易活动活跃的核心城市，无疑成为创投资本投入最为密集的地区。由于两者都具备起步时间、市场基础、政策便利、科技发展、智力集聚等方面的先天优势，加之交易成本的考量，创投企业更愿意将资本投入到这两个城市，以期实现更多的投资收益。

东莞、佛山、珠海作为珠三角地区当前发展较快的新兴城市，虽然创投企业在当地发展起步较晚，数量相对不多，但是灵活的政策配给、逐步成熟的市场环境、日益增多的人力资源等使其具备相当程度的后发优势，正是看到这种发展潜力和前景，创投企业逐步将关注点转移到这些城市。

以肇庆、云浮、梅州为代表的粤东西北地区，由于其经济实力较为薄弱、交通基础设施的不足、市场环境相对不发达、人力资源外流严重等方面的不利条件，创投资本的进入举步维艰，严重制约这些地区的创投行业的发展。因此这些地区迫切需要在制度环境、人力资源引入、交通设施建设等方面加大改革力度，以期实现行业环境的改善和提升。

第三节　广东省创业投资资本进入阶段环节

创业投资资本进入的阶段环节一般分为五个阶段：种子期、起步期、扩张期、成熟期和重建期。

从投资金额这一角度来看，根据广东省发改委的调查统计，从2010年到2015年，种子期，创投资本投入金额由4.93亿元增加到6.02亿元，历年占比基本保持在10%以上；起步期，创投资本投入金额每年基本保持在10亿元以上，历年占比则基本保持在30%以上；扩张期，创投资本投入金额基本保持每年15亿元以上（2015年除外），历年占比达到40%以上；成熟期，创投资本投入金额每年基本保持在1亿元以上，历年占比则是达到8%以上；重建期，创投资本投入金额基本保持6亿元以下，历年占比达到5%左右（见表3-3）。[①]

表3-3　广东省创投企业资本进入阶段环节情况表（按金额）（已备案）

单位：亿元

阶段环节	2010年	2011年	2012年	2013年	2014年	2015年
种子期	4.93	11.18	6.92	10.05	4.64	6.02
起步期	14.73	10.28	12.96	18.56	18.86	10.81
扩张期	32.77	49.13	31.08	16.44	15.4	6.42
成熟期	12.51	8.15	4.51	1.89	6.07	2.8
重建期	2.249	0.1	—	—	0.02	5.47

从投资案例这一角度来看，根据广东省发改委的调查统计，从2010年到2015年，种子期，创投资本投入案例每年基本保持在30个以上（2015年除外），占比达到15%以上；起步期，创投资本投入案例每年基本保持在80个以上（2015年除外），占比达到35%以上；扩张期，创投资本投入案例每年基本保持在80个左右（2015年除外），占比则是达到35%以上；成熟期，创投资本投入案例每年基本保持在10个以上（2013、2015年除外），占比达到5%以上；重建期，创投资本投入案例每年基本保持在2个左右（2012、2013、2015年除外），占比仅为1%左右（见表3-4）。[②]

---

① 数据来源：广东省发改委备案数据库。

② 数据来源：广东省发改委备案数据库。

表 3-4　广东省创投企业资本进入阶段环节情况表（按案例）（已备案）

单位：个

阶段环节	2010 年	2011 年	2012 年	2013 年	2014 年	2015 年
种子期	35	75	49	56	35	17
起步期	101	112	87	82	118	56
扩张期	124	198	120	84	84	36
成熟期	35	28	13	9	16	7
重建期	3	2	0	0	2	1

通过以上数据我们不难看出，一方面，广东省创投行业发展已经到了一个相对成熟的阶段，企业的经营管理不再是初始阶段的谨小慎微，而是开始持续稳定地扩大投资规模和拓展投资领域。从起步期和扩张期的资本投入和案例来看，两者规模较大，这表明企业有更强的意愿、更为充足的资金来从事投资和价值增值。

另一方面，部分创投企业的发展仍旧面临诸多问题和困境。从种子期和重建期的资本投入和案例来看，两者的占比不高，这确切反映出一部分创投企业在产品研发生产、资本融资渠道、自身组织管理、投资风险管控等方面存在着亟待解决的问题，如果处理和应对不好，将会直接影响创投行业的生存和发展。

第四节　广东省创业投资资本进入轮次

投资轮次是指创业投资企业在参与投资时需谨慎选择自己的进入时机，一个投资公司必然会参与不同轮次的投资，而且可能同时充当领投和跟投两个角色。

按照投资案例数量来划分，从 2005 年到 2015 年，除了 2005 年、2006 年和 2015 年之外，每一年度第一轮投资案例数量基本都在 100 个以上，发展趋势保持相对稳定；2009 年之前每一年度第二轮投资案例数量保持在个位数，2009 年之后基本保持在 15 个以上，呈现出增长的趋势；从 2005 年到 2015 年，每一年度三轮以后的投资案例数量基本保持在 10 个以下，发展趋势同样保持相对稳定（见表 3-5）。[①]

由此可以看出，一方面，基于对降低投资风险、增强融资实力、投资目标谨慎选择等因素考量，创投企业对于初创阶段（前两轮投资）的投入规模和力度较大；另一方面，部分企业在初创阶段可能面临产品质量缺陷、市场接受度不高、经营管理不善

① 数据来源：广东省发改委备案数据库。

等困境，需要在后续阶段持续加大投入来化解各种风险，即通过多轮次投资来缓解资金和运营压力，以期在实践中生存和发展。

从投资案例数量占比来看，从2005年到2015年，第一轮投资案例数量占比呈现逐年下降趋势，由2005年的占比100%下降到2015年的占比80.34%；除了个别年份之外，第二轮投资案例数量占比基本保持相对稳定，呈略微上升的趋势；三轮以后投资案例数量占比则基本保持在6%以下（见表3－5）。[①]

表3－5　广东省创投企业资本进入轮次情况表（已备案）

年份	总数量（个）	第一轮案例数（个）	第一轮比率（%）	第二轮案例数（个）	第二轮比率（%）	三轮以后案例数（个）	三轮以后比率（%）
2005	59	59	100.00	0	0.00	0	0.00
2006	59	49	83.05	8	13.56	2	3.39
2007	161	153	95.03	8	4.97	0	0.00
2008	160	152	95.00	7	4.38	1	0.63
2009	221	205	92.76	16	7.24	0	0.00
2010	298	272	91.28	22	7.38	4	1.34
2011	415	366	88.19	41	9.88	8	1.93
2012	269	230	85.50	32	11.90	7	2.60
2013	231	201	87.01	22	9.52	8	3.46
2014	255	212	83.14	38	14.90	5	1.96
2015	117	94	80.34	17	14.53	6	5.13

上述情况表明，创投企业对于初始阶段的投资重视程度相对较高，对于产品研发设计、融资渠道、经营管理运作等方面也充满信心，冀求通过早期的较大投入实现规模效应，避免潜在的高风险出现；同时随着规模不断扩大、实力不断增强，创投企业通过多轮次投资来逐步分散投资风险，扩大再生产和实现价值增值，保证自身的持续盈利和竞争能力。

① 数据来源：广东省发改委备案数据库。

第五节 广东省创业投资资本进入方式

根据投资性质的不同，创投企业投入资金主要有三种形式：一是股票融资或股权融资，二是债权融资，三是混合融资。其中股权融资是最主要的方式。

从案例数量上来看，从2005年到2015年，创投企业采用普通股这种投资方式的案例数量基本在100个以上（2005、2006年除外），占比达90%以上；采用优先股这种投资方式的案例数量仅在个别年份有1个，大多数年份没有投资案例，占比多在1%以下；采用可转换债券等其他投资方式的案例数量呈现逐年递增的趋势，从2007年开始，由3个逐步增长到10个以上，占比达到5%左右（见表3－6）。[①]

表3－6 广东省创投企业投资方式情况表（按案例）（已备案）

年份	总数量（个）	普通股案例数（个）	比率（%）	优先股案例数（个）	比率（%）	其他案例数（个）	比率（%）
2005	59	59	100.00	0	0.00	0	0.00
2006	59	58	98.31	1	1.69	0	0.00
2007	161	158	98.14	0	0.00	3	1.86
2008	160	156	97.50	0	0.00	4	2.50
2009	221	213	96.38	1	0.45	7	3.17
2010	298	287	96.31	0	0.00	11	3.69
2011	415	387	93.25	1	0.24	27	6.51
2012	269	257	95.54	0	0.00	12	4.46
2013	231	221	95.67	0	0.00	10	4.33
2014	255	219	85.88	1	0.39	35	13.73
2015	149	136	91.28	0	0.00	13	8.72

从不同金额的投资案例来看，从2005年到2015年，2009年之前100万元以下投资金额的案例基本上每年保持在10个以下，2009年之后每年保持在10个以上，大多占比达5%以上；100万～300万元之间投资金额的案例基本上每年保持在10个以上，

① 数据来源：广东省发改委备案数据库。

占比达10%以上（2005、2007、2012年除外）；300万~1 000万元投资金额的案例每年基本上保持在30个以上，占比达25%以上（2005、2006年除外）；1 000万~3 000万元投资金额的投资案例每年基本保持在50个以上，占比达35%以上（2005、2006年除外）；3 000万~1亿元投资金额的案例每年基本上保持在10个以上，占比达到15%以上（2005、2006年除外）；1亿元以上投资金额的案例则基本每年保持在10个以下，占比达到4%左右（2010年除外）（见表3-7）。[①]

表3-7　广东省创投企业投资方式情况续表（按案例&金额）（已备案）

年份	项目	100万元以下	100万~300万元	300万~1 000万元	1 000万~3 000万元	3 000万~1亿元	1亿元以上
2005	案例数（个）	7	4	21	16	9	2
	占比（%）	11.86	6.78	35.59	27.12	15.25	3.39
2006	案例数（个）	2	7	22	22	5	1
	占比（%）	3.39	11.86	37.29	37.29	8.47	1.69
2007	案例数（个）	7	11	44	69	29	1
	占比（%）	4.35	6.83	27.33	42.86	18.01	0.62
2008	案例数（个）	9	27	35	75	11	3
	占比（%）	5.63	16.88	21.88	46.88	6.88	1.88
2009	案例数（个）	11	26	63	91	26	4
	占比（%）	4.98	11.76	28.51	41.18	11.76	1.81

① 数据来源：广东省发改委备案数据库。

（续上表）

年份	项目	100 万元以下	100 万～300 万元	300 万～1 000 万元	1 000 万～3 000 万元	3 000 万～1 亿元	1 亿元以上
2010	案例数（个）	19	32	65	104	66	12
	占比（%）	6. 38	10. 74	21. 81	34. 90	22. 15	4. 03
2011	案例数（个）	27	50	100	153	78	7
	占比（%）	6. 51	12. 05	24. 10	36. 87	18. 80	1. 69
2012	案例数（个）	14	25	63	109	54	4
	占比（%）	5. 20	9. 29	23. 42	40. 52	20. 07	1. 49
2013	案例数（个）	14	28	61	79	43	6
	占比（%）	6. 06	12. 12	26. 41	34. 20	18. 61	2. 60
2014	案例数（个）	27	27	78	81	36	6
	占比（%）	10. 59	10. 59	30. 59	31. 76	14. 12	2. 35
2015	案例数（个）	13	19	30	54	26	7
	占比（%）	8. 72	12. 75	20. 13	36. 24	17. 45	4. 70

由此我们可以看出，相比一般规模和较小规模的投资项目，创投企业更为关注和重视较大投资规模的项目，因为从收益回报角度而言，较大规模的投资项目如果得到

良好的运营管理，潜在的获利空间较大，价值增值幅度也较大。此外，较大规模的投资项目抵御风险的能力相对较高。一般规模和较小规模的投资项目，面临的市场竞争较为残酷，基于其自身抗风险能力相对不足，很有可能在生存发展过程中遭到淘汰，因此，创投企业对小规模投资项目的选择会比较谨慎，对它们的关注和重视程度相应弱化。

第四章

广东省创业投资资本退出

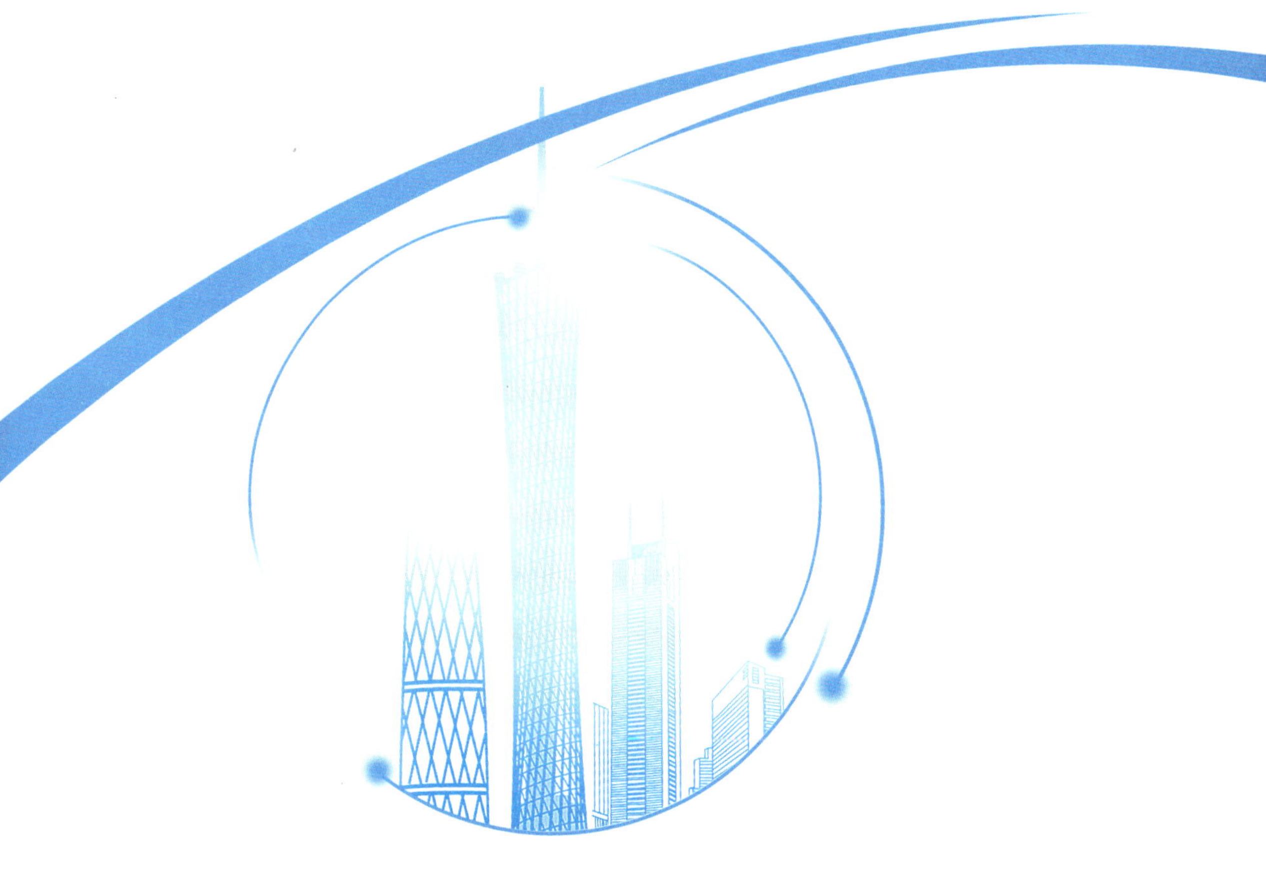

第一节 广东省创业投资资本退出方式

一、创业投资资本退出机制

资本退出作为创业投资运作流程的最后一个阶段，对创业投资正常运作过程中的其他阶段极其重要。其重要性具体体现在两个方面：一是退出机制能对持有股份的创业投资机构和管理人员提供激励，他们现有所掌控的股份在企业上市后的价值取决于企业未来的发展状况；二是由于创业投资机构一般会在企业上市后选择将之前的投资变现，并且创业投资机构具有回购的优先权，能够通过对股权的重新分配来保持对企业的控制。

创业投资退出阶段是在企业发展到一定程度以后，当创业投资机构认为需要从创业企业中退出时，可选择首次公开募股（IPO 上市）①、企业回购②、企业并购③或清算④等方式来将资本撤出，从而实现资本增值或降低损失。创业投资的退出实际上就是创业投资机构决定结束资本运行所采取的整体而又系统的制度安排，具体表现在项目和资本的双重退出。

---

① 首次公开募股，即 IPO 上市，这种退出方式能够为创业企业提供直接的融资渠道，同时也为创业投资提供了有效的退出渠道。公开上市的一个很大的好处还在于能够提升创业投资机构和创业企业的知名度，利于建立良好的企业形象，并由此吸引更多优秀的人才加入，促进企业更快的发展。同时，从投资机构角度来看，公开上市也可以为它们提供更加可信及全面的企业信息，以减少投资机构和被投资企业之间的信息不对称问题，从而能够获得较高的投资效率。

② 企业回购是指创业企业的创始人或者管理层用现金或者票据或等价物来买断创业企业股东所拥有的股份，从而使创业投资机构实现投资收益。一般出现以下情况时，创业投资机构会采用企业回购的方式实现资本退出：一是被投资企业无法成功上市，从而使得创业投资机构无法顺利地将所持有的被投资股份顺利地出售给第三方；二是被投资企业由于担忧转让股份后会使企业失去自有的独立性，进而影响企业的决策制定和实际控制情况；三是在最初进行投资时，双方订立的合同中已明确地规定了回购条款。

③ 企业并购是指由其他企业来收购被投资企业所持有的股份来实现投资收益的一种方法。并购一般是兼并和收购的简称，兼并是将两个或两个以上的企业按照某种制度规定来组成一个企业的行为，是产权维度上的交易。收购则是指一个企业以某种条件取得另一个企业的主要股权从而达到控制后者的目的。通过企业并购可以用相对更为快捷的方式完成股份的转让，因为相比于公开上市，企业并购所要经历的流程没有那么复杂。但是不利的因素在于可能会出现创业企业的抵制，不予配合并购的过程。

④ 清算是指当创业投资机构发现被投企业的发展前景渺茫，或者是发现很难取得预期的回报以及陷入了重大的经济财务危机时，创业投资机构会采用宣告被投企业破产或者解散的方式来将资本进行退出。清算能够尽可能多地收回本金以将投资的损失降到最低，这样能避免过多的创投资本投入到没有前途的项目中去，体现了经济市场上的择优原则。

二、股本退出案例的结构分布情况——按不同持股时间

将 2005 年至 2015 年广东省创业的股本退出案例分布按照不同的持股时间进行划分，分为持股不足 1 年、持股 1 ~2 年、持股 2 ~4 年、持股 4 ~7 年、持股 7 年及以上这五种类别。[①] 将持股不足 1 年以及持股 1 ~2 年划分为短期投资，将持股 2 ~4 年和持股 4 ~7 年划分为中长期投资，将持股 7 年及以上划分为长期投资。

从表 4 –1 来看，2005 年至 2010 年案例总数呈上升趋势，在 2011 年至 2015 年间除 2013 年案例总数有所上升外，其他各年均呈现下降趋势。从图 4 –1 中可以发现，在 2005 年至 2009 年期间，股本退出案例在不同持股期间的分布较为均匀，且数量较少。在 2010 年至 2015 年间，案例数量显著增加的同时，呈现出了“中间大两头小”的特点，即持股不足 1 年、持股 1 ~2 年和持股 7 年及以上的案例数量较少，持股 2 ~4 年和持股 4 ~7 年的案例数量较多的分布格局。这可能是与 2009 年国家税务总局颁发了实施创业投资企业所得税优惠的政策有关，政策中规定如果创业投资企业能存续 2 年及以上即能享受一定的税收优惠。2010 年持股 7 年及以上的案例个数则跃居当年的第一位，持股4 ~7 年的案例个数则在 2010 年至 2012 年稳定不变。产生如此分布现象的原因可能是多层次资本市场的兴起和发展，如中小企业板（创业板）的兴起，为中小企业持续融资提供了通道。

表 4 –1 2005—2015 年广东省不同持股时间股本退出案例个数结构分布

年度	项目	不足 1 年	1 ~2 年	2 ~4 年	4 ~7 年	7 年及以上
2005	案例数（个）	0	3	2	5	0
	比例（%）	0	30	20	50	0
2006	案例数（个）	0	6	6	5	1
	比例（%）	0	33. 33	33. 33	27. 78	5. 56
2007	案例数（个）	2	2	8	13	2
	比例（%）	7. 41	7. 41	29. 63	48. 15	7. 41
2008	案例数（个）	5	9	5	13	6
	比例（%）	13. 16	23. 68	13. 16	34. 21	15. 79

① 数据来源：广东省发改委备案数据库（2015）。

（续上表）

年度	项目	不足 1 年	1～2 年	2～4 年	4～7 年	7 年及以上
2009	案例数（个）	7	3	14	11	17
	比例（%）	13.46	5.77	26.92	21.15	32.69
2010	案例数（个）	7	9	18	38	48
	比例（%）	5.83	7.5	15	31.67	40
2011	案例数（个）	8	11	40	38	15
	比例（%）	7.14	9.82	35.71	33.93	13.39
2012	案例数（个）	5	11	19	38	13
	比例（%）	5.81	12.79	22.09	44.19	15.12
2013	案例数（个）	7	10	52	26	13
	比例（%）	6.48	9.26	48.15	24.07	12.04
2014	案例数（个）	11	5	41	29	13
	比例（%）	11.11	5.05	41.41	29.29	13.13
2015	案例数（个）	1	2	19	21	5
	比例（%）	2.08	4.17	39.58	43.75	10.42

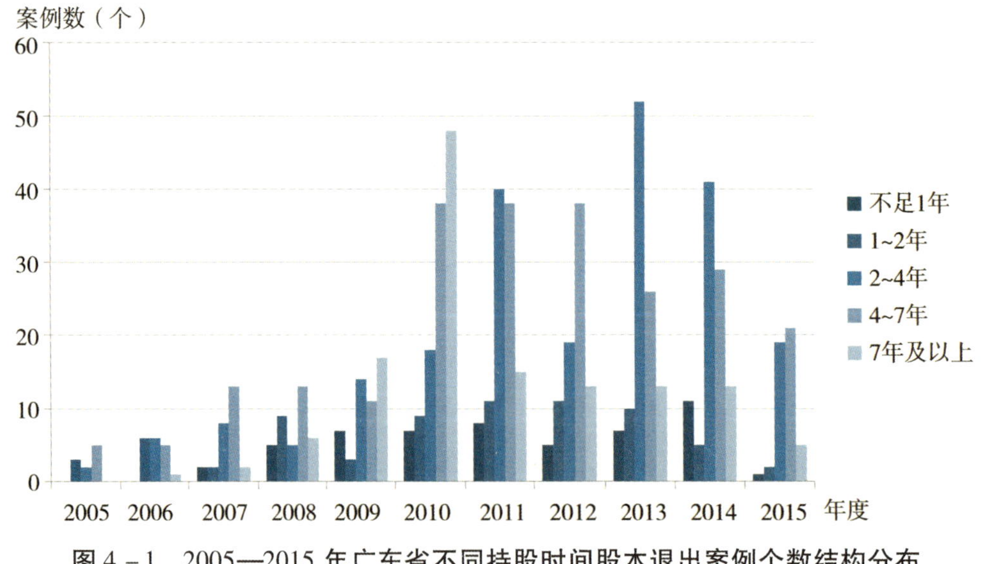

图 4－1　2005—2015 年广东省不同持股时间股本退出案例个数结构分布

表 4－2 和图 4－2 显示了各年度股本退出案例的金额分布，在 2008 年之前不同持

股时间股本退出金额的结构分布同样体现出“中间大两头小”的特点。2008 年，持股 2 ~4 年和持股 4 ~7 年的退出案例金额占比之和较上年显著下降，其他三类的持股时间占比则与上年相比有了明显上升，其中持股 1 ~2 年的股本退出比例比上年增加了 26. 11%。长期持股的退出案例比例也显著上升，从 2007 年的 3. 89% 上升到 2008 年的 24. 29%，到了 2010 年，持股 7 年及以上的退出比例高达 41. 48%，而短期持股的退出比例均为 10% 以下。

表 4 -2　2005—2015 年广东省不同持股时间股本退出案例金额结构分布

年度	项目	不足 1 年	1 ~2 年	2 ~4 年	4 ~7 年	7 年及以上
2005	金额（万元）	0	457. 20	930	7 014. 74	0
	比例（%）	0	5. 44	11. 07	83. 49	0
2006	金额（万元）	0	6 087. 20	1 280. 56	7 648. 05	300
	比例（%）	0	39. 74	8. 36	49. 94	1. 96
2007	金额（万元）	1 883. 33	1 260	5 691. 07	19 495. 61	1 146. 58
	比例（%）	6. 39	4. 27	19. 31	66. 14	3. 89
2008	金额（万元）	8 925	16 089. 12	3 521. 85	11 564. 83	12 867. 16
	比例（%）	16. 85	30. 38	6. 65	21. 83	24. 29
2009	金额（万元）	7 772	3 950	25 905. 87	30 152. 03	12 656. 19
	比例（%）	9. 66	4. 91	32. 21	37. 49	15. 73
2010	金额（万元）	6 581. 53	7 566. 98	14 701. 96	42 215. 32	50 376. 15
	比例（%）	5. 42	6. 23	12. 11	34. 76	41. 48
2011	金额（万元）	24 633. 51	38 151	27 998. 77	47 736. 28	32 705. 50
	比例（%）	14. 39	22. 28	16. 35	27. 88	19. 1
2012	金额（万元）	3 953. 76	14 342. 05	35 176. 47	41 285. 54	4 553. 68
	比例（%）	3. 98	14. 44	35. 42	41. 57	4. 59
2013	金额（万元）	3 814. 31	7 246. 07	76 916. 24	31 439. 01	6 949. 14
	比例（%）	3. 02	5. 73	60. 87	24. 88	5. 5
2014	金额（万元）	4 091. 29	1 605. 02	63 854. 88	57 031. 40	10 646. 41
	比例（%）	2. 98	1. 17	46. 53	41. 56	7. 76
2015	金额（万元）	4 317. 20	1 530	26 985. 08	24 097. 69	5 066. 47
	比例（%）	6. 96	2. 47	43. 53	38. 87	8. 17

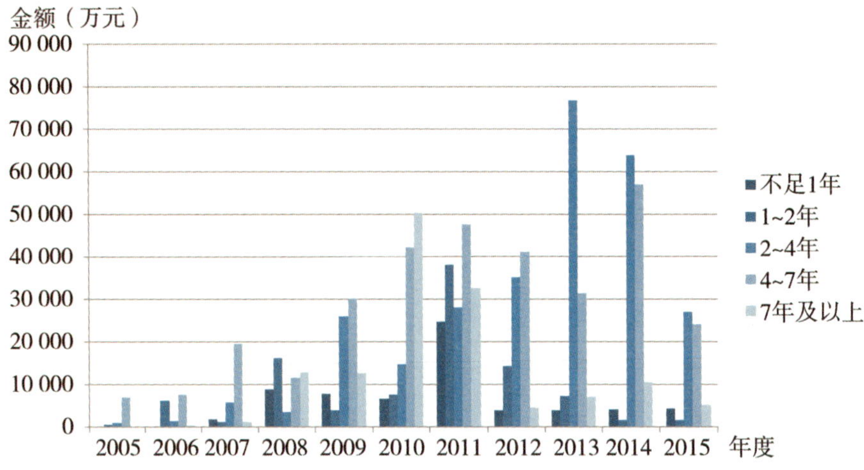

图 4 - 2　2005—2015 年广东省不同持股时间股本退出案例金额结构分布

纵观 2005—2015 年，无论是从股本退出案例的个数还是从股本退出案例的金额上来看，持股不足 1 年的数量占比均比较低。这可能是由于在实施的创业投资税收优惠要求中，所鼓励的是进行时间不短于 2 年的投资项目。总体来说，创业投资机构对于持股时间的选择主要还是以持股 2 ~ 4 年和 4 ~ 7 年为主，选择这两种持股时间的占比和一般超过 50%。

三、股本退出案例的结构分布情况——按不同方式

股本退出的方式可细分为五种，即上市转让、协议转让、被整体收购、企业回购以及清算。

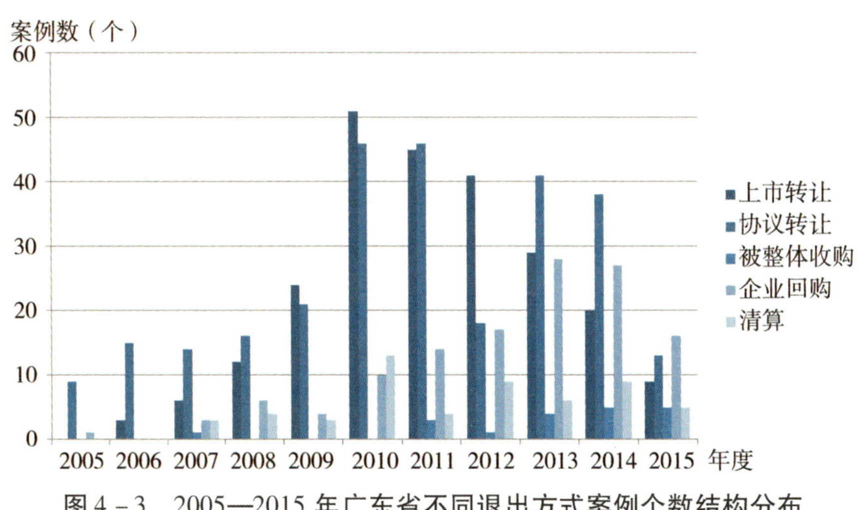

图 4 - 3　2005—2015 年广东省不同退出方式案例个数结构分布

图4－3和表4－3展示了按照不同退出方式实现退出的案例数量分布情况，被整体收购和清算处于较低水平且变化不大，上市转让则在2005年至2010年呈现不断上升的趋势，2010年至2015年不断下降，企业回购在2009年至2013年间稳步上升，其后呈现下降趋势。[①]

表4－3　2005—2015年广东省不同退出方式案例个数结构分布

年度	项目	上市转让	协议转让	被整体收购	企业回购	清算
2005	案例数（个）	0	9	0	1	0
	比例（%）	0	90	0	10	0
2006	案例数（个）	3	15	0	0	0
	比例（%）	16.67	83.33	0	0	0
2007	案例数（个）	6	14	1	3	3
	比例（%）	22.22	51.85	3.7	11.11	11.11
2008	案例数（个）	12	16	0	6	4
	比例（%）	31.58	42.11	0	15.79	10.53
2009	案例数（个）	24	21	0	4	3
	比例（%）	46.15	40.38	0	7.69	5.77
2010	案例数（个）	51	46	0	10	13
	比例（%）	42.5	38.33	0	8.33	10.83
2011	案例数（个）	45	46	3	14	4
	比例（%）	40.18	41.07	2.68	12.5	3.57
2012	案例数（个）	41	18	1	17	9
	比例（%）	47.67	20.93	1.16	19.77	10.47
2013	案例数（个）	29	41	4	28	6
	比例（%）	26.85	37.96	3.7	25.93	5.56
2014	案例数（个）	20	38	5	27	9
	比例（%）	20.2	38.38	5.05	27.27	9.09
2015	案例数（个）	9	13	5	16	5
	比例（%）	18.75	27.08	10.42	33.33	10.42

① 数据来源：广东省发改委备案数据库（2015）。

从总体案例个数来看，协议转让和上市转让占绝大部分，其中协议转让在2006年和2007年所占比例超过了当年的50%。采用清算和被整体收购的退出方式的案例数量占少数。采取被整体收购方式实现股本退出的案例所占的比例在2014年之前一直不到5%。采用企业回购的方式的案例数比例自2009年开始一直不断上升，一直到2015年其数量占比达到当年的三分之一。

表4－4和图4－4从金额的维度上展示了2005年至2015年以不同退出方式的案例金额结构分布。上市转让和协议转让仍是主要退出方式，其中上市转让基本维持在20%以上，尤其是2007年上市转让的比率达到63.51%，处于当年第一位。协议转让除了在2012年降至20%以下，其他各年份均高于20%。值得注意的是，企业回购方式退出的金额在2012年超过当年上市转让方式退出的金额，可能主要是由于当年市场形势发生了改变，股权融资的总额在2012年显著下降，由此产生波及效应。

在早期阶段，协议转让作为首选的退出方式，其退出的创业投资金额超过了当年退出金额的一半。2008年金融危机后，采用上市转让的方式退出的金额有所小幅下降，短暂回升后继续下降维持在20%左右。采用被整体收购的方式实现退出的金额一直占比不大，始终处于10%以下。

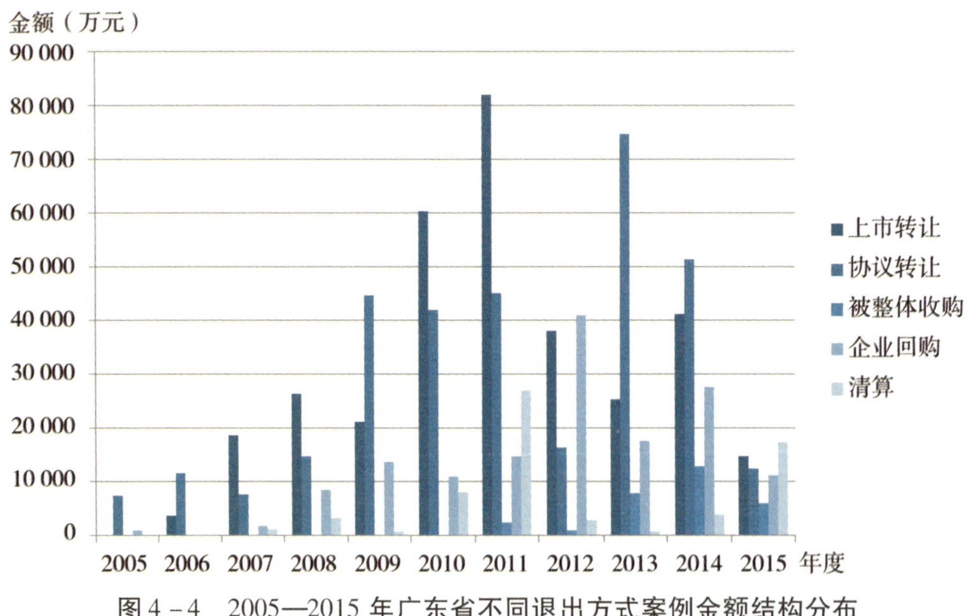

图4－4　2005—2015年广东省不同退出方式案例金额结构分布

表 4－4　2005—2015 年广东省不同退出方式案例金额结构分布

年度	项目	上市转让	协议转让	被整体收购	企业回购	清算
2005	金额（万元）	0	7 401.94	0	1 000	0
	比例（%）	0	88.1	0	11.9	0
2006	金额（万元）	3 640	11 675.81	0	0	0
	比例（%）	23.77	76.23	0	0	0
2007	金额（万元）	18 719.20	7 673.81	100	1 833.58	1 150
	比例（%）	63.51	26.03	0.34	6.22	3.9
2008	金额（万元）	26 384.12	14 823.84	0	8 516	3 244
	比例（%）	49.81	27.99	0	16.08	6.12
2009	金额（万元）	21 173.73	44 833.92	0	13 720	708.46
	比例（%）	26.32	55.74	0	17.06	0.88
2010	金额（万元）	60 350.72	42 097.28	0	10 908.19	8 085.75
	比例（%）	49.7	34.66	0	8.98	6.66
2011	金额（万元）	82 132.65	45 096.01	2 395	14 626.40	26 975
	比例（%）	47.97	26.34	1.4	8.54	15.75
2012	金额（万元）	38 132.43	16 411.67	990	41 021.41	2 755.99
	比例（%）	38.4	16.53	1	41.31	2.78
2013	金额（万元）	25 445.95	74 684.05	7 799	17 700.27	735.50
	比例（%）	20.14	59.1	6.17	14.01	0.58
2014	金额（万元）	41 263.01	51 477.01	12 916.90	27 638.07	3 934.01
	比例（%）	30.07	37.51	9.41	20.14	2.87
2015	金额（万元）	14 819.35	12 463.41	5 983.5	11 230.18	17 500
	比例（%）	23.9	20.1	9.65	18.11	28.23

第二节　广东省创业投资资本退出行业分布

近年来，随着我国宏观经济紧缩及国民经济结构调整，很多行业都呈现出增长缓慢甚至负增长的状态。一些创业投资机构由于缺乏对行业的认识，过早地退出了该行业，因而失去了宝贵的投资机遇。在选择不同行业的退出时机时，需要结合退出行业的特性，避免过早退出而丧失收益，也不会因过迟退出而蒙受损失。

2005 年至 2015 年按照不同行业区分，退出案例的数目分布如表 4－5[①] 所示。这期间退出案例总数排名前三的行业分别为其他、新材料工业以及金融服务业，分别为 475 个、200 个和 181 个，退出案例总数最低的三个行业为核应用技术、零售和批发业以及资源开发工业，分别为 4 个、5 个和 19 个。从退出案例的绝对数量上来看，带有高新科技特征的行业，其退出的案例个数所占比例较小，其他类型的行业如金融服务业等的退出案例个数占比较大。

表 4－5　2005—2015 年广东省创投企业资本退出案例行业个数分布

行业	项目	2005 年	2006 年	2007 年	2008 年	2009 年	2010 年	2011 年	2012 年	2013 年	2014 年	2015 年
软件产业	案例数（个）	5	3	6	3	4	5	18	7	10	10	4
	比例（%）	8.47	5.08	3.73	1.88	1.81	1.68	4.34	2.60	4.33	3.92	3.42
计算机硬件产业	案例数（个）	2	5	7	1	4	1	6	1	1	2	3
	比例（%）	3.39	8.47	4.35	0.62	1.81	0.34	1.45	0.37	0.43	0.78	2.56
网络产业	案例数（个）	4	3	8	10	13	12	11	10	9	33	6
	比例（%）	6.78	5.08	4.97	6.25	5.88	4.03	2.65	3.72	3.90	12.94	5.13
通信	案例数（个）	1	2	3	5	6	10	12	8	5	14	0
	比例（%）	1.69	3.39	1.86	3.12	2.71	3.36	2.89	2.97	2.16	5.49	0

① 数据来源：广东省发改委备案数据库（2015）。

（续上表）

行业	项目	2005年	2006年	2007年	2008年	2009年	2010年	2011年	2012年	2013年	2014年	2015年
IT服务业	案例数（个）	1	5	7	8	4	12	10	6	2	6	7
	比例（%）	1.69	8.47	4.35	5	1.81	4.03	2.41	2.23	0.87	2.35	5.98
半导体	案例数（个）	1	1	1	1	3	1	5	8	10	1	1
	比例（%）	1.69	1.69	0.62	0.62	1.36	0.34	1.20	2.97	4.33	0.39	0.85
其他IT行业	案例数（个）	1	2	3	6	8	8	8	5	4	2	2
	比例（%）	1.69	3.39	1.86	3.75	3.62	2.68	1.93	1.86	1.73	0.78	1.71
环保工程	案例数（个）	3	1	9	7	7	6	25	8	4	8	4
	比例（%）	5.08	1.69	5.59	4.38	3.17	2.01	6.02	2.97	1.73	3.14	3.42
生物科技	案例数（个）	7	5	4	7	16	10	17	5	11	17	3
	比例（%）	11.86	8.47	2.48	4.38	7.24	3.36	4.10	1.86	4.76	6.67	2.56
新材料工业	案例数（个）	3	4	26	16	22	30	42	22	14	12	9
	比例（%）	5.08	6.78	16.15	10	9.95	10.07	10.12	8.18	6.06	4.71	7.69
资源开发工业	案例数（个）	0	0	6	3	1	3	1	3	1	1	0
	比例（%）	0	0	3.73	1.88	0.45	1.01	0.24	1.12	0.43	0.39	0

（续上表）

行业	项目	2005年	2006年	2007年	2008年	2009年	2010年	2011年	2012年	2013年	2014年	2015年
光电子与光机电一体化	案例数（个）	6	5	13	14	15	24	28	15	8	11	1
	比例（%）	10. 17	8. 47	8. 07	8. 75	6. 79	8. 05	6. 75	5. 58	3. 46	4. 31	0. 85
科技服务	案例数（个）	2	2	1	1	4	4	7	9	10	8	6
	比例（%）	3. 39	3. 39	0. 62	0. 62	1. 81	1. 34	1. 69	3. 35	4. 33	3. 14	5. 13
新能源、高效节能技术	案例数（个）	5	2	8	7	9	12	23	11	10	9	1
	比例（%）	8. 47	3. 39	4. 97	4. 38	4. 07	4. 03	5. 54	4. 09	4. 33	3. 53	0. 85
核应用技术	案例数（个）	0	0	0	0	1	1	0	0	0	2	0
	比例（%）	0	0	0	0	0. 45	0. 34	0	0	0	0. 78	0
医药保健	案例数（个）	3	2	3	5	15	13	6	12	11	9	3
	比例（%）	5. 08	3. 39	1. 86	3. 12	6. 79	4. 36	1. 45	4. 46	4. 76	3. 53	2. 56
消费产品和服务	案例数（个）	1	2	16	11	20	20	31	25	15	11	3
	比例（%）	1. 69	3. 39	9. 94	6. 88	9. 05	6. 71	7. 47	9. 29	6. 49	4. 31	2. 56
媒体和娱乐业	案例数（个）	1	3	4	4	5	10	6	8	12	2	1
	比例（%）	1. 69	5. 08	2. 48	2. 5	2. 26	3. 36	1. 45	2. 97	5. 19	0. 78	0. 85

（续上表）

行业	项目	2005年	2006年	2007年	2008年	2009年	2010年	2011年	2012年	2013年	2014年	2015年
传统制造业	案例数（个）	3	5	8	13	7	18	16	12	7	12	3
	比例（%）	5.08	8.47	4.97	8.12	3.17	6.04	3.86	4.46	3.03	4.71	2.56
农业	案例数（个）	0	0	2	1	5	7	11	8	3	6	3
	比例（%）	0	0	1.24	0.62	2.26	2.35	2.65	2.97	1.30	2.35	2.56
金融服务业	案例数（个）	5	0	7	20	17	43	44	6	18	16	5
	比例（%）	8.47	0	4.35	12.5	7.69	14.43	10.60	2.23	7.79	6.27	4.27
零售和批发业	案例数（个）	0	0	1	0	0	1	1	0	0	2	0
	比例（%）	0	0	0.62	0	0	0.34	0.24	0	0	0.78	0
其他	案例数（个）	5	7	18	17	35	47	87	80	66	61	52
	比例（%）	8.47	11.86	11.18	10.62	15.84	15.77	20.96	29.74	28.57	23.92	44.44

2005年至2015年创投企业资本退出单个案例的平均金额情况如表4－6[①]所示。各个行业的退出案例平均金额的变化幅度都较大，其中核应用技术的退出幅度最大。通信行业在2007年为当年度退出案例平均金额的首位，在其他各年退至倒数后五位水平。受到2008年国际金融危机的影响，金融服务业在2009年的退出案例平均金额一度跃升至0.30亿元，位居当年第二。媒体和娱乐业从2010年开始，其退出案例平均

① 数据来源：广东省发改委备案数据库（2015）。

金额一直保持在前七的水平。

表4-6 2005—2015年广东省创投企业资本退出案例行业金额分布（亿元）

行业	2005年	2006年	2007年	2008年	2009年	2010年	2011年	2012年	2013年	2014年	2015年
软件产业	0.14	0.11	0.07	0.03	0.18	0.09	0.10	0.11	0.11	0.09	0.04
计算机硬件产业	0.19	0.13	0.07	0.26	0.11	0.02	0.18	0.64	0.04	0.08	0.02
网络产业	0.04	0.05	0.16	0.10	0.11	0.14	0.19	0.10	0.04	0.13	0.13
通信	0.16	0.08	0.49	0.07	0.12	0.12	0.11	0.20	0.05	0.04	0
IT服务业	0.10	0.10	0.10	0.25	0.16	0.13	0.08	0.11	0.18	0.35	0.10
半导体	0.17	0.15	0.04	0.18	0.03	0.20	0.33	0.15	0.20	0.18	0
其他IT行业	0.15	0.06	0.16	0.14	0.11	0.07	0.11	0.13	0.11	0.11	0.17
环保工程	0.01	0.02	0.20	0.21	0.18	0.29	0.20	0.19	0.04	0.10	0.23
生物科技	0.04	0.17	0.09	0.09	0.16	0.19	0.17	0.29	0.13	0.17	0.09
新材料工业	0.24	0.16	0.19	0.14	0.15	0.23	0.19	0.22	0.14	0.16	0.07
资源开发工业	0	0	0.24	0.09	0.19	0.52	0.36	0.27	0.50	0.05	0
光电子与光机电一体化	0.07	0.15	0.34	0.27	0.08	0.22	0.21	0.14	0.33	0.16	0
科技服务	0.27	0.05	0.09	0.20	0.09	0.05	0.04	0.56	0.06	0.14	0.34
新能源、高效节能技术	0.15	0.27	0.16	0.46	0.18	0.10	0.14	0.15	0.11	0.11	0.55
核应用技术	0	0	0	0	0.03	0.65	0	0	0	0.18	0
医药保健	0.07	0.12	0.12	0.21	0.13	0.20	0.12	0.10	0.09	0.09	0.13
消费产品和服务	0.15	0.22	0.19	0.15	0.29	0.36	0.33	0.34	0.27	0.31	0.03
媒体和娱乐业	0.15	0.10	0.07	0.08	0.09	0.42	0.53	0.33	0.22	0.63	1.00
传统制造业	0.29	0.10	0.20	0.13	0.46	0.24	0.28	0.15	0.23	0.19	0.10
农业	0	0	0.21	0.20	0.12	0.31	0.19	0.19	0.15	0.15	0.43
金融服务业	0.48	0	0.16	0.02	0.30	0.23	0.21	0.14	0.29	0.12	0.16
零售和批发业	0	0	0.20	0	0	0.46	0.15	0	0	0.21	0
其他	0.26	0.35	0.10	0.09	0.17	0.24	0.16	0.19	0.29	0.25	0.31

第三节 广东省创业投资资本退出区域分布

广东省作为全国经济发展改革的前沿，创业投资作为重要的改革形式，其取得的成绩相当显著。

表 4 – 7 和图 4 – 5 显示了 2005 年至 2015 年广东省创业投资企业实现的当年退出项目和历年退出项目。[①] 从中可以发现，2005—2010 年当年创业投资企业退出项目个数不断增加，在 2010 年达到最高值 120 个，随后在 2010—2012 年有小幅下降，2013 年又有所回升，在 2014—2015 年又呈现下降趋势。

表 4 – 7 2005—2015 年广东省创业投资企业退出项目个数

年度	当年实现退出（个）	历年实现退出（个）
2005	10	51
2006	18	55
2007	27	91
2008	38	129
2009	52	179
2010	120	311
2011	112	415
2012	86	501
2013	108	606
2014	99	707
2015	48	755

① 数据来源：广东省发改委备案数据库（2015）。

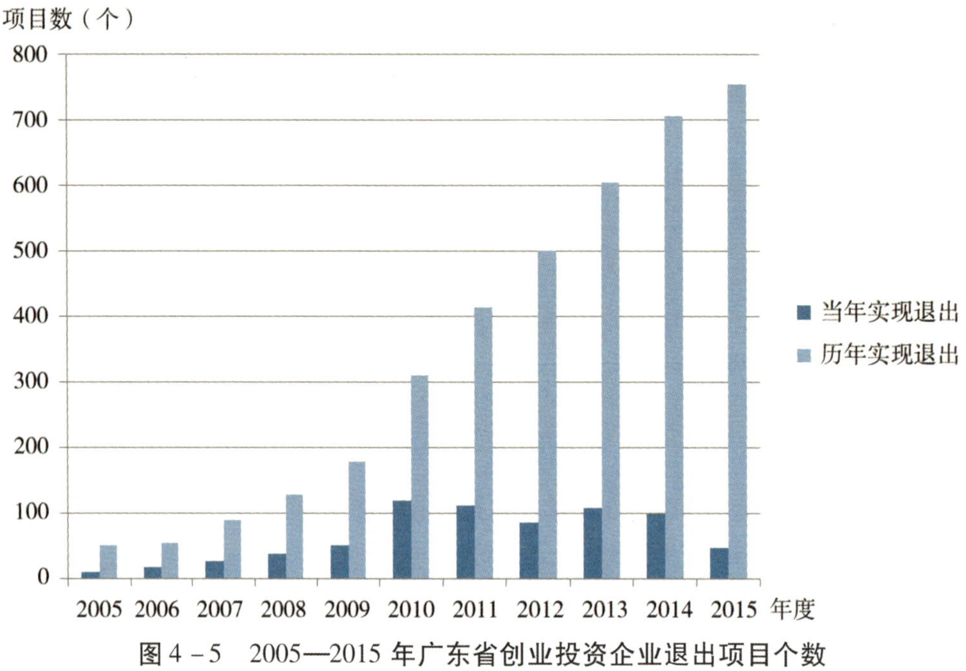

图 4－5　2005—2015 年广东省创业投资企业退出项目个数

表 4－8 和图 4－6 是广州市在 2005 年至 2015 年期间创业投资企业退出项目个数的情况。[①] 广州市 2005—2012 年的当年实现退出项目的数量一直较为平缓，保持在 10 个以下，2013 年增加较多，2014 年更是增加到 24 个，随后在 2015 年急速下降至 1 个。总体来看，当年实现退出的项目个数在 2012 年之前的变化不大，每年的数量起伏并不剧烈，2012 年之后，当年实现退出的项目个数发生了巨大的波动，如从最高的 24 个骤减至 1 个。

表 4－8　2005—2015 年广州市创业投资企业退出项目个数

年度	当年实现退出（个）	历年实现退出（个）
2005	0	0
2006	4	0
2007	4	15
2008	8	16
2009	7	23
2010	4	27

① 数据来源：广东省发改委备案数据库（2015）。

（续上表）

年度	当年实现退出（个）	历年实现退出（个）
2011	6	33
2012	5	40
2013	16	54
2014	24	78
2015	1	79

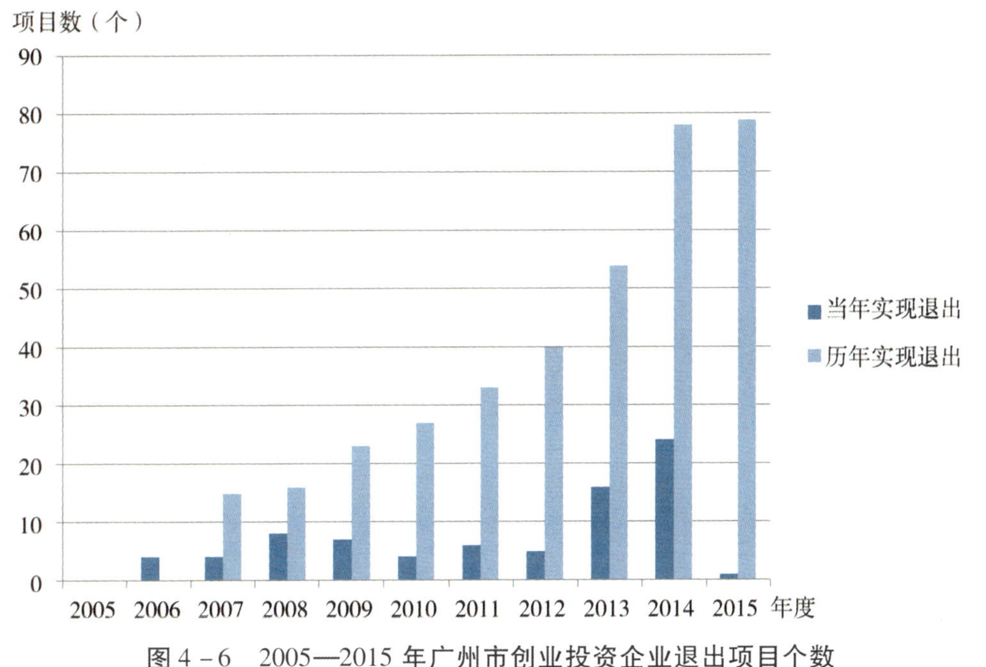

图 4－6　2005—2015 年广州市创业投资企业退出项目个数

深圳市凭借着靠近香港这一具有巨大潜力的市场来打通与国际市场的沟通渠道，其创业投资机构经多年发展，初具规模。同时深圳市政府为了让创业投资资本能够更好地完成退出，加大建设新三板和一系列非公开的股权交易系统，帮助创业投资资本顺利退出，这为深圳市创业投资的长远发展奠定了坚实基础。

表 4－9 和图 4－7 是 2005 年至 2015 年间深圳市创业投资企业退出项目个数的变化情况。[①] 深圳市创业投资企业的当年实现退出项目数量在 2005—2010 年一直保持增加的状态，尤其是 2009—2010 年大幅度增加，在 2010 年实现当年退出 106 个项目。

① 数据来源：广东省发改委备案数据库（2015）。

2010 年之后，虽然 2013 年较 2012 年有所小幅攀升，其他各年均是呈现下降趋势。再看历年实现退出的情况，2009 年之前，历年实现退出项目数量以较缓速度增长，2009 年之后，历年实现退出的项目数量显著攀升，呈现快速增长态势。

表 4 - 9 2005—2015 年深圳市创业投资企业退出项目个数

年度	当年实现退出（个）	历年实现退出（个）
2005	6	39
2006	11	43
2007	22	62
2008	27	97
2009	41	135
2010	106	257
2011	96	340
2012	67	406
2013	82	488
2014	67	555
2015	39	594

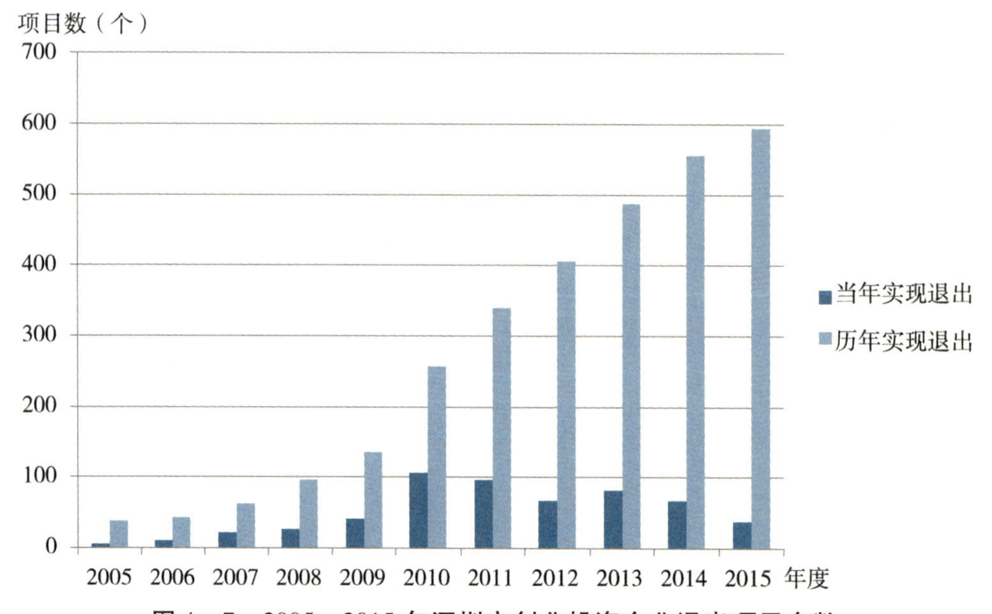

图 4 - 7 2005—2015 年深圳市创业投资企业退出项目个数

第五章

广东省创业投资绩效

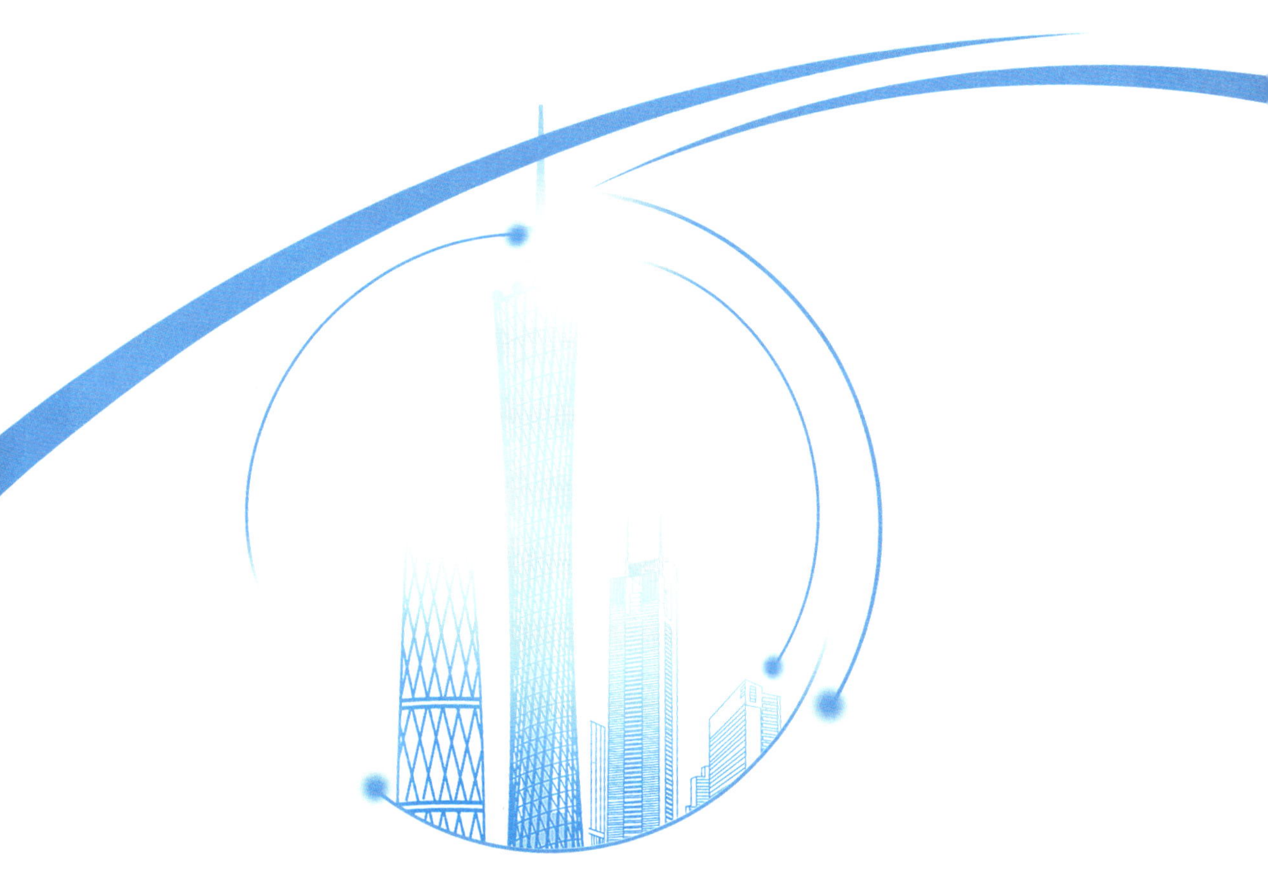

第一节 广东省创业投资企业收入

一、广东省创业投资企业收入的增减情况

近几年广东大力推进金融强省的建设，其创业投资行业的发展一直稳居全国前列。创业投资企业在此大背景下，逐渐发展出几种独特经营模式来提高自身的收入水平。[①] 创业投资企业在对初创企业进行投资时，会利用自身的科学管理知识、经验和人脉积极参与被投企业的经营管理活动，为这些企业分析市场前景，制订合适的发展战略规划来帮助开拓其市场。这样不仅能够提高创业资本的利用效率，还可以通过提高被投资企业的收入来增加自身收益。

图5-1展示了广东省2006年至2014年创业投资企业收入的变动情况。[②] 由于2005年和2015年的数据缺失，此处不纳入分析范畴。从增减变动图可以看出，2006—2014年广东省创业投资企业的收入有“两平两峰一谷”的特点，即在2008—2009年和2013—2014年，创业投资企业的收入处于平台期，变动幅度很小，在2007年和2011年创业投资企业实现的收入达到了波峰状态，在2012年又陷入波谷位置。由此看来，广东省创业投资企业的收入并不算稳定，受整体市场经济状况和宏观政策的影响较大。

① 首先是将资本运作国际化，通过与国际上的其他信托和基金合作，使资本流动不局限于国内，从而实现股权的多元化和国际化，这样不仅能拓宽自己的市场领域还能从国际化的合作中汲取先进的管理知识和技能。其次是将资本运作模式市场化，最有代表性的就是深圳市中科招商创业所采用的管理方法，它管理着几十个创业投资基金，并且受委托代管着全国社保基金，真正实现了将资本的管理运作市场化的目标。最后是运用“产学研”相结合的模式，通过将产业、高校和研究的有机耦合进行一种商业投资的全新模式，将创业投资资本与企业孵化和科技创新紧密结合起来，使科研成果能真正转化为实际产出，使得投资效率更高。

② 数据来源：广东省发改委备案数据库（2015）。

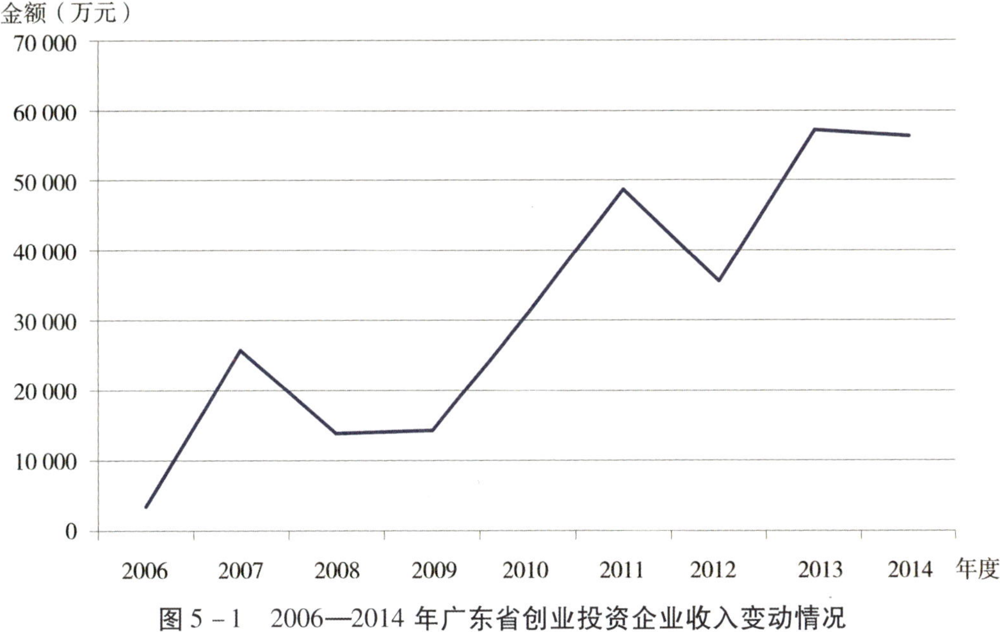

图 5-1 2006—2014 年广东省创业投资企业收入变动情况

二、广东省创业投资企业收入来源的构成情况

创业投资企业的收入按来源可以分为三大类，即股权转入收入①、其他应税收入②和非应税股息红利收入③。

表 5-1 和图 5-2 说明了广东省 2006—2014 年创业投资企业收入的情况，④ 2005 年和 2015 年的数据缺失，不予讨论。从非应税股息红利收入的变动情况来看，在 2006—2014 年期间，除了 2008 年小幅下降之外，非应税股息红利收入一直呈上升趋势。股权转入收入的变化呈现先增加后减少，再增长然后继续减少的变化特点。其他应税收入的变动特点与股权转入收入的变动特点类似。

---

① 股权转入收入是指股权转让人通过转让股权而获得的包括现金、非货币资产或者权益等形式的金额，这不仅意味着所持资产处置的收益，还包括了持有股份期间由于被投企业经营活动产生利润而应享有的权益增长部分。

② 向客户提供咨询服务等而获得的收入，并不是其主营业务的收入，而是组成其他应税收入的主要成分。

③ 非应税股息红利收入主要指分配股息红利时不予以纳税的收入部分，股息红利的收入要享有免税的优惠是需要满足规定的条件。如果是居民企业的股息红利收入，则必须要满足对应的投资是权益性的且被投资方是居民企业的直接投资，同时如果投资的是上市公司公开发行的股票的话还必须满足连续持有 12 个月以上。如果是非居民企业的股息红利收入，则条件是相应的投资必须是权益性的且被投资方是企业居民，投资方仅限是在中国境内成立的，同时如果投资的是上市公司公开发行的股票的话还必须满足连续持有 12 个月以上。满足这些条件的股息红利收入才能避免纳税。

④ 数据来源：广东省发改委备案数据库（2015）。

表 5－1 2006—2014 年广东省创业投资企业收入来源构成情况

年度	股权转入收入（万元）	其他应税收入（万元）	非应税股息红利收入（万元）
2006	23 664. 01	6 585. 13	5 395. 34
2007	78 611. 75	167 351. 63	11 947. 51
2008	115 227. 49	18 080. 04	5 979. 16
2009	105 896. 06	24 961. 43	12 530. 55
2010	214 776. 81	66 918. 70	28 126. 46
2011	368 789. 47	76 997. 57	40 509. 73
2012	192 553. 15	112 847. 37	50 219. 30
2013	360 177. 04	151 642. 48	59 903. 53
2014	315 583. 20	130 490. 33	116 502. 82

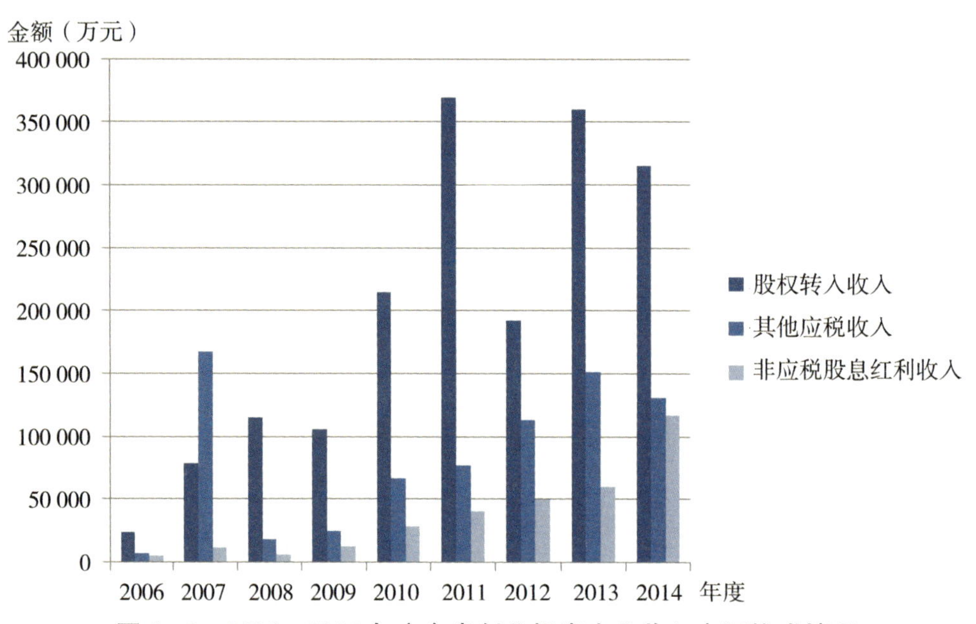

图 5－2 2006—2014 年广东省创业投资企业收入来源构成情况

第二节　广东省创业投资企业经济社会贡献

一、广东省创业投资企业投资项目就业岗位增长情况

广东省创业投资行业发展已有20多年，在这期间，创业投资在促进科技创新、支持创业创新和推动实体经济等方面都发挥了重要的作用。广东省创业投资企业在增加就业岗位、提高企业研发能力、促进创新产品产业化、促进税收增长和经济持续健康发展等多方面均做出了显著贡献。

在促进就业岗位方面，发展创业投资能着力化解广东省劳动力供求矛盾和就业结构性矛盾，是维护社会和谐稳定的重要途径。表5－2列出了年末就业岗位数和年就业岗位增长率。从图5－3和图5－4可以看出，在2014年之前，广东省创业投资企业投资项目就业岗位的增长较为平缓，但是在2014年发生井喷式增长，年就业岗位增长36倍以上。下列是被投资企业的就业增长情况。[①]

表5－2　2006—2014年广东省创业投资企业投资项目就业岗位增长情况

年度	年末就业岗位合计（个）	年就业岗位增长率（%）
2006	22 634	—
2007	37 395	65. 22
2008	133 812	257. 83
2009	216 753	61. 98
2010	401 146	85. 07
2011	518 930	29. 36
2012	430 710	－17
2013	441 097	2. 41
2014	16 521 692	3 645. 59

① 数据来源：广东省发改委备案数据库（2015）。

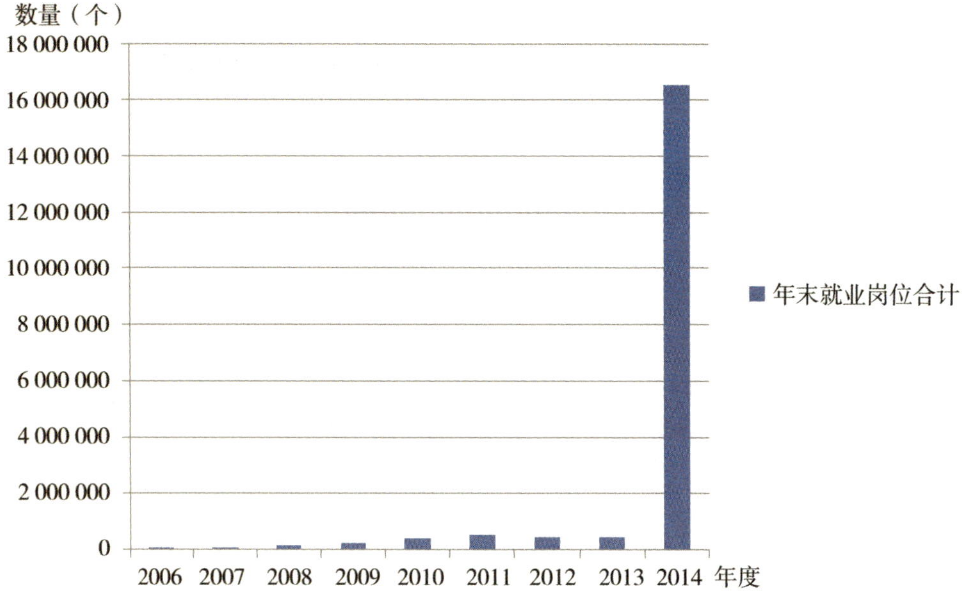

图 5－3　2006—2014 年广东省创业投资企业投资项目就业岗位增长情况

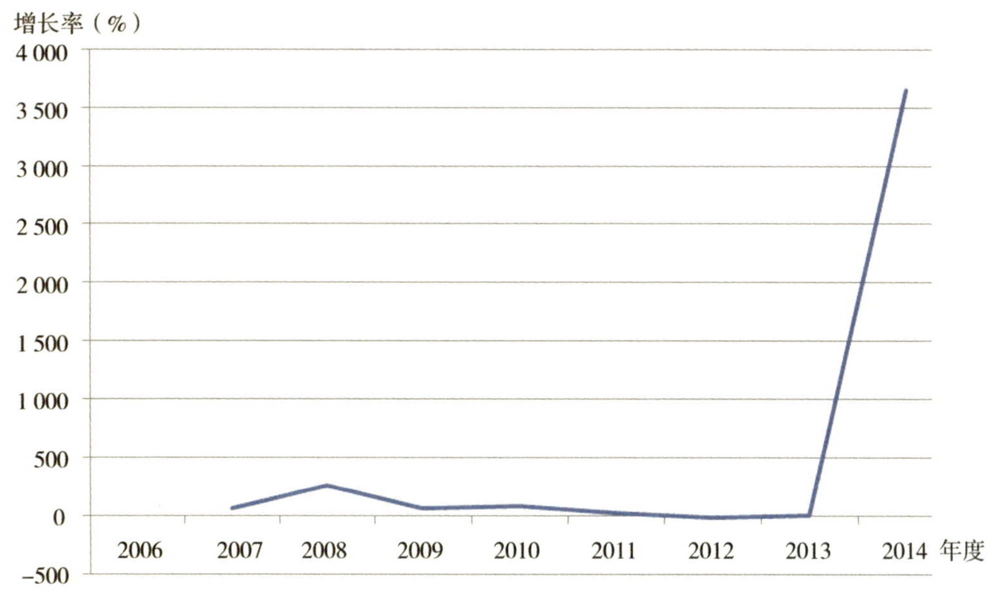

图 5－4　2006—2014 年广东省创业投资企业投资项目就业岗位增长率情况

二、广东省创业投资企业投资项目 R&D 增长情况

企业的发展不能仅仅依靠要素的投入，还需要在技术创新上给予关注。研发的投入对于建立在高技术基础之上、具有较高的成长潜力并处于创业阶段的企业更为重要，创业投资企业的存在能够对这类型的企业给予很大的帮助。

广东省创业投资企业投资项目 R&D 的增长情况可以从被投资企业的研发投入增长情况来反映。[①] 表 5－3 列出了被投资企业的年研发投入和年研发投入增长率。从图 5－5 中可以发现，2005 年至 2015 年期间，除去 2005 年和 2015 年的数据缺失外，广东省创业投资企业所投企业的年研发投入大体呈现上升趋势。从图 5－6 中可知，年研发投入增长率除了 2012 年以外均呈正增长。其中年研发投入增长率最高的是 2008 年，而增长率最低的就是 2012 年，为负增长。

表 5－3　2006—2014 年广东省创业投资企业所投企业研发投入情况

年度	年研发投入（万元）	年研发投入增长率（%）
2006	55 758. 23	—
2007	85 389. 02	53. 14
2008	273 293. 84	220. 06
2009	453 975. 11	66. 11
2010	912 998. 14	101. 11
2011	1 176 059. 01	28. 81
2012	1 130 985. 97	－3. 8
2013	1 194 983. 40	5. 66
2014	1 249 857. 45	4. 59

① 数据来源：广东省发改委备案数据库（2015）。

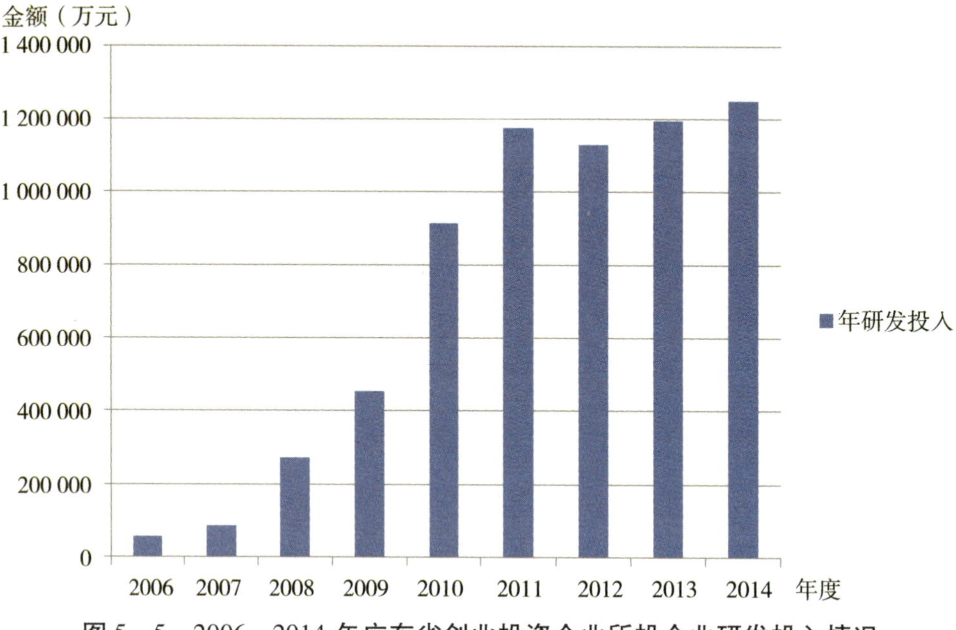

图 5－5　2006—2014 年广东省创业投资企业所投企业研发投入情况

图 5－6　2006—2014 年广东省创业投资企业所投企业研发投入增长率情况

三、广东省创业投资企业投资项目销售额增长情况

创业投资企业在进行项目投资时需要对项目进行专业的判断，项目的收益无论在投资开始前、进行中还是收尾时，都与多个因素有关，注意每个阶段的重要因素才能更好地获得收益。

2006年至2014年期间，广东省创业投资企业投资项目的销售额增长情况如表5－4和图5－7所示，[①] 2005年和2015年数据缺失，故不予分析。图5－8展示年销售额增长率的变动情况。2009年和2012年的年销售额明显下降并且当年的增长率均为负值。2008年的年销售额增长最为显著，当年的年销售额增长率达到了532.83%。

表5－4　2006—2014年广东省创业投资企业投资项目销售额增长情况

年度	年销售额合计（万元）	年销售额增长率（%）
2006	938 160.62	—
2007	1 873 327.95	99.68
2008	11 854 978.65	532.83
2009	9 099 603.59	－23.24
2010	26 309 856.91	189.13
2011	31 087 614.72	18.16
2012	26 333 437.50	－15.29
2013	33 516 392.50	27.28
2014	34 252 339.20	2.20

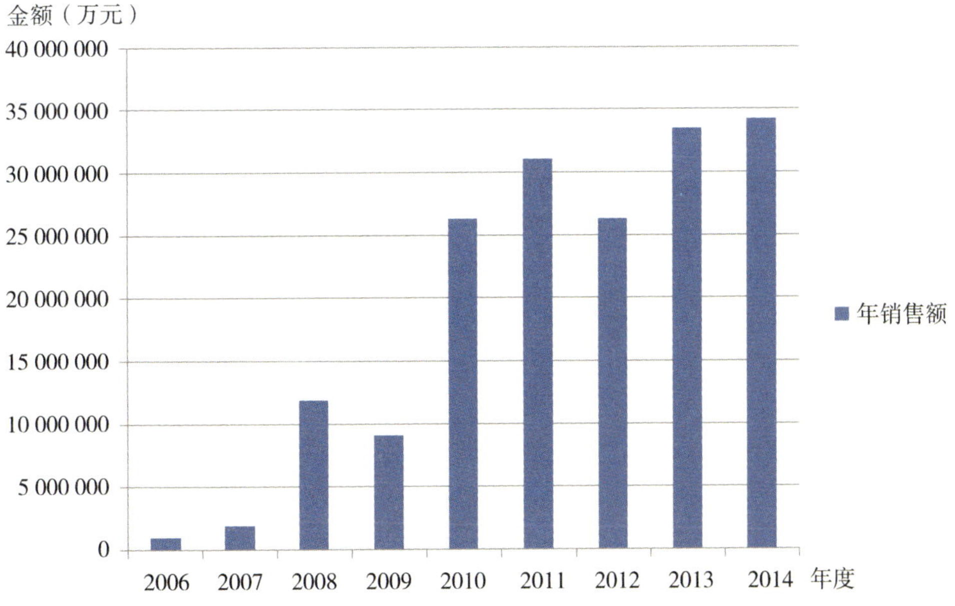

图5－7　2006—2014年广东省创业投资企业投资项目销售额增长情况

① 数据来源：广东省发改委备案数据库（2015）。

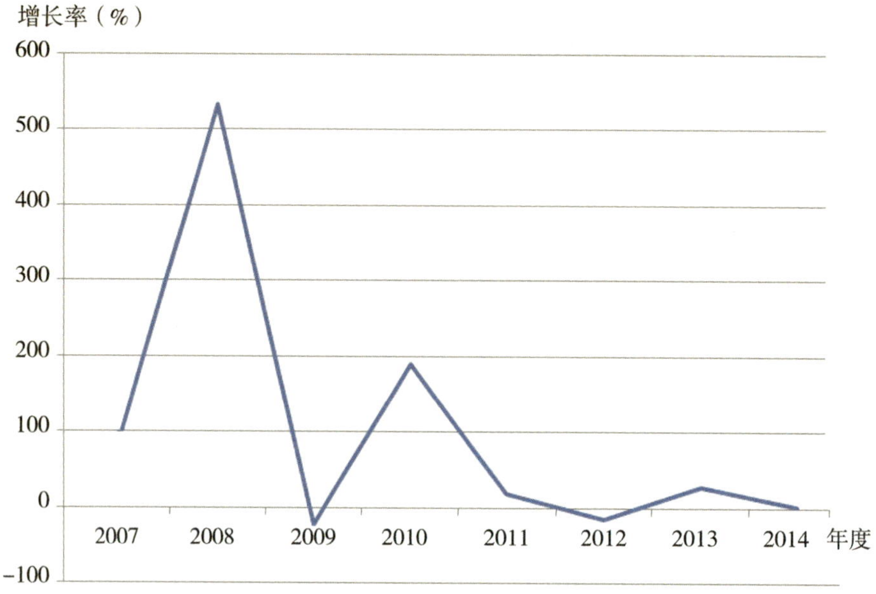

图5－8 2006—2014年广东省创业投资企业投资项目销售额增长率情况

四、广东省创业投资企业所投资企业税收增长情况

在市场经济条件下，税收政策的改变能够调动企业自主创新的积极性，同时企业通过纳税对当地社会经济发展做出贡献。目前的税收政策优惠，主要是通过特定的规定来对企业创新能力起到导向作用。这些政策能为自主创新主体的企业从人才、投入和机制等多方面来创造有利的条件，并调动一切可能的积极因素来推进我国的创新战略的发展目标，支持企业自主创新活动，从而推动经济持续、快速和健康的发展。

表5－5、图5－9、图5－10显示了2006年至2014年广东省创业投资企业所投资企业的税收变动①。2007年的上缴税金的数额较大，其他各年总体来说还是在300亿元以下变动。其中年上缴税金增长率较为突出的是2007年，高达7 876.21%，2011年的年上缴税金则是下降最为巨大的，负增长了31.01%。年上缴税金增长率除了2009年和2011年是负增长外，其他各年均是呈现正的增长。

① 数据来源：广东省发改委备案数据库（2015）。

表 5-5　2006—2014 年广东省创业投资企业所投资企业税收增长情况

年度	年上缴税金（万元）	年上缴税金增长率（%）
2006	40 838.45	—
2007	3 257 359.94	7 876.21
2008	503 904.80	84.53
2009	468 169.78	-7.09
2010	1 951 112.98	316.75
2011	1 346 044.94	-31.01
2012	1 505 467.80	11.84
2013	1 418 404.89	5.78
2014	1 659 639.78	17.01

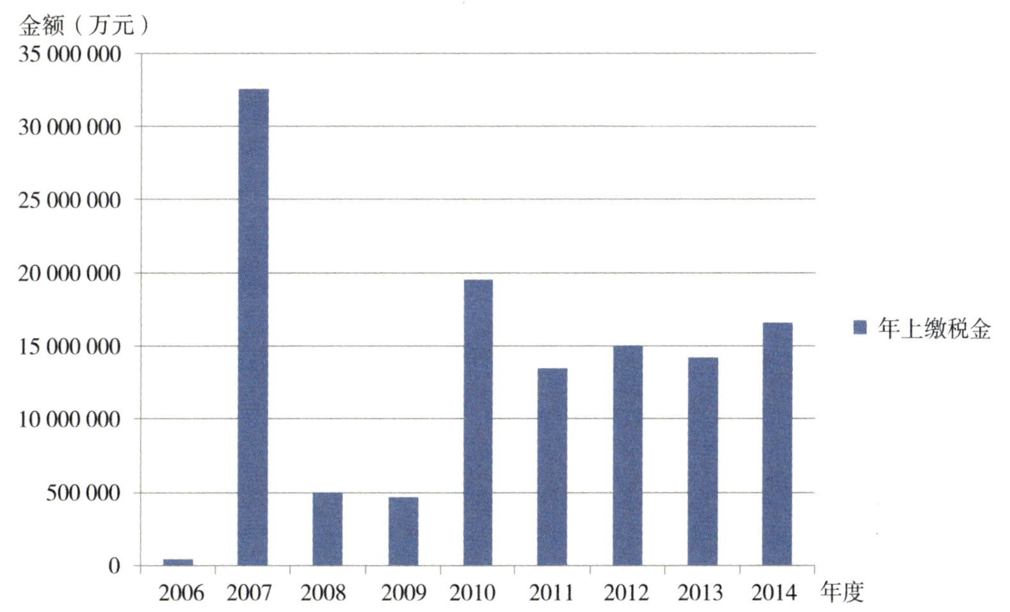

图 5-9　2006—2014 年广东省创业投资企业所投资企业税收增长情况

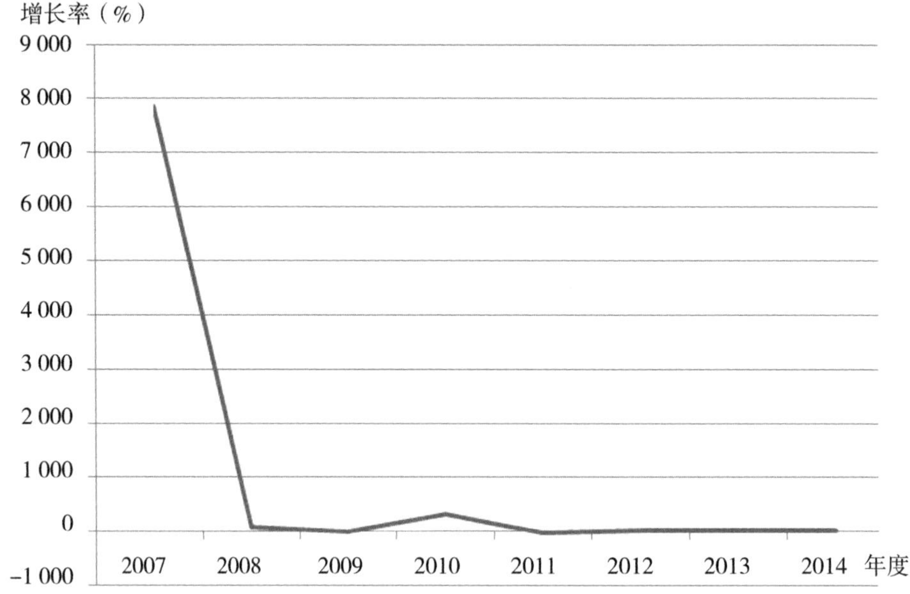

图 5－10　2007—2014 年广东省创业投资企业所投资企业税收增长率情况

第三节　广东省创业投资资本退出绩效

不同的退出方式适用的情况不同，退出时资本的退出绩效也会有所差别。目前影响我国创业投资资本退出效率的主要因素是我国目前缺乏一个完善的多层次资本市场体系。

作为创业投资最为活跃的省份之一，广东省创业投资资本的退出数量较为可观，图 5－11 展示了 2013—2015 年广东省创业投资资本按照不同方式退出的案例数量统计。[①] 2013 年主要是以并购的方式退出，当年并购退出的案例有 68 个。选择并购的主要原因是能够较为快速地撤出资本，实现投资变现。2014 年，创业投资资本退出的方式有首次公开募股、公开市场减持和并购，具体的案例数量分别是 9 个、15 个和 91 个。

① 数据来源：投中公司数据库。

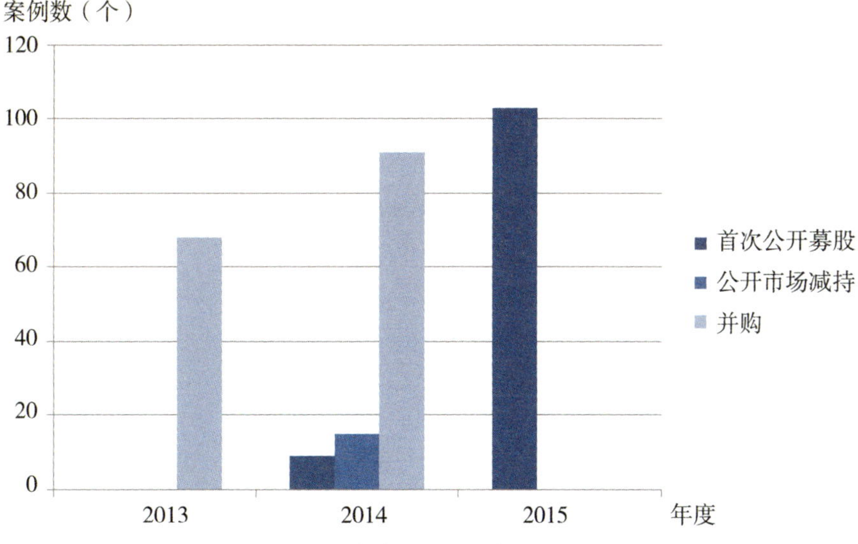

图 5－11　2013—2015 年广东省创业投资资本不同退出方式案例数量

下列是 2013—2015 年广东省创业投资资本以不同方式退出的情况。表 5－6 列出了 2014 年至 2015 年广东省创业投资资本以首次公开募股（IPO）的方式退出的绩效情况。[①] 2015 年以首次公开募股（IPO）的方式退出的案例共 103 个，2014 年以首次公开募股（IPO）的方式退出的案例共有 9 个。从 2014 年创业投资资本的平均数、中位数和上四分位数均小于 2015 年的相应数据，以及从创业投资资本的最大值和最小值来看，2015 年创业投资资本的最大值是 2014 年创业投资资本最大值的 3.74 倍左右，2015 年创业投资资本的最小值是 2014 年创业投资资本最小值的 0.42 倍左右。

表 5－6　2014—2015 年广东省创业投资资本以 IPO 退出的绩效情况

	2013 年以 IPO 退出的金额（万元）	2014 年以 IPO 退出的金额（万元）	2015 年以 IPO 退出的金额（万元）
平均数	—	4 846.30	9 583.20
中位数	—	2 167.66	3 889.81
上四分位数	—	1 109.55	2 005.81
下四分位数	—	7 312.32	7 135.86
最大值	—	19 270.36	72 100.00
最小值	—	827.23	350.00

① 数据来源：投中公司数据库。

公开市场减持的相关数据仅可获取2014年的。表5－7列出了2014年广东省创业投资资本以公开市场减持退出的情况。[①] 2014年，广东省创业投资资本以公开市场减持方式退出的一共有15个案例。与同年度的首次公开募股相比，首先，2014年公开市场减持的案例数比首次公开募股要多6个；其次，从平均数来看，2014年公开市场减持的数值是首次公开募股的1.52倍左右。

表5－7　2014年广东省创业投资资本以公开市场减持退出的情况

	2013年以公开市场减持退出的金额（万元）	2014年以公开市场减持退出的金额（万元）	2015年以公开市场减持退出的金额（万元）
平均数	—	7 371.60	—
中位数	—	3 804.32	—
上四分位数	—	1 932.72	—
下四分位数	—	11 700	—
最大值	—	29 200.00	—
最小值	—	615.60	—

以并购方式完成资本退出的案例可获取数据集中在2013年和2014年，其中2013年以并购方式完成退出的案例有68个，2014年以并购方式完成退出的案例有91个。如表5－8[②] 所示，从时间变化的维度来看，2014年的创业投资资本的中位数比2013年有所增长，从上、下四分位数和最大、最小值来看，2014年的创业投资资本的离散较2013年的更大。

① 数据来源：投中公司数据库。
② 数据来源：投中公司数据库。

表 5-8　2013—2014 年广东省创业投资资本以并购退出的情况

	2013 年以并购退出的金额（万元）	2014 年以并购退出的金额（万元）	2015 年以并购退出的金额（万元）
平均数	31 856.56	10 726.63	—
中位数	3 000.00	4 572.00	—
上四分位数	2 776.7075	1 685.25	—
下四分位数	25 209.495 69	10 450	—
最大值	3 100.00	79 800.00	—
最小值	2 900.00	2 000.00	—

第四节　广东省创业投资与高新技术产业发展

高新技术的开发和产业化能提高经济效益和我国的科技实力，在实际生产中，由于高技术产业的特殊性，其产品从发明到投入市场期间需要企业承受很大的风险，导致很多的高新技术企业往往在将产品投入市场之前或者是将产品成功研制出来之前就因资金的缺乏而失败。

广东省作为华南地区经济活跃的代表，创业投资机构的数量和管理资本规模始终处于全国前列，成为高新技术产业发展强有力的支撑。创业资本作为一种创新的投资方式，可以对现行的融资方式加以补充，帮助那些本身具有发展前景的创新成果和项目，使它们能够更好地投入市场。创业投资资本通过私募等方式来进行筹资，培养那些具有创新能力和较好发展前景的创新企业成长。表 5-9 展示的是 2005—2015 年广东省创业投资资金与高新技术产业的相关数据①。

① 数据来源：广东省科技年鉴（2006—2014）和广东省发改委备案数据库（2015）。

表5-9 2005—2015年广东省创业投资资金与高新技术产业相关数据

年度	高新技术产业产值（亿元）	创业投资金额（亿元）
2005	11 959.71	—
2006	15 595.76	66.48
2007	19 058.54	77.23
2008	22 677.53	83.18
2009	25 595.12	133.42
2010	29 113.16	176.71
2011	34 100.60	240.65
2012	40 000	274.20
2013	45 000	312.46
2014	—	319.83
2015	—	322.99

从2006—2013年来看，广东省高新技术产业产值与产业投资金额都处于增长趋势。技术的创新过程中需要创业投资机构为其增添动力，创业投资能从以下几个方面为技术创新融资难提供解决方案：一是创业投资机构能将资金投入创新型企业，以高风险和高收入为主要特征进行投资；二是创业投资资本有较为灵敏的市场“嗅觉”，其中的“嗅觉”是指创业投资机构能够分阶段地投入资本并能够及时放弃项目。

第六章

广东省创业投资案例

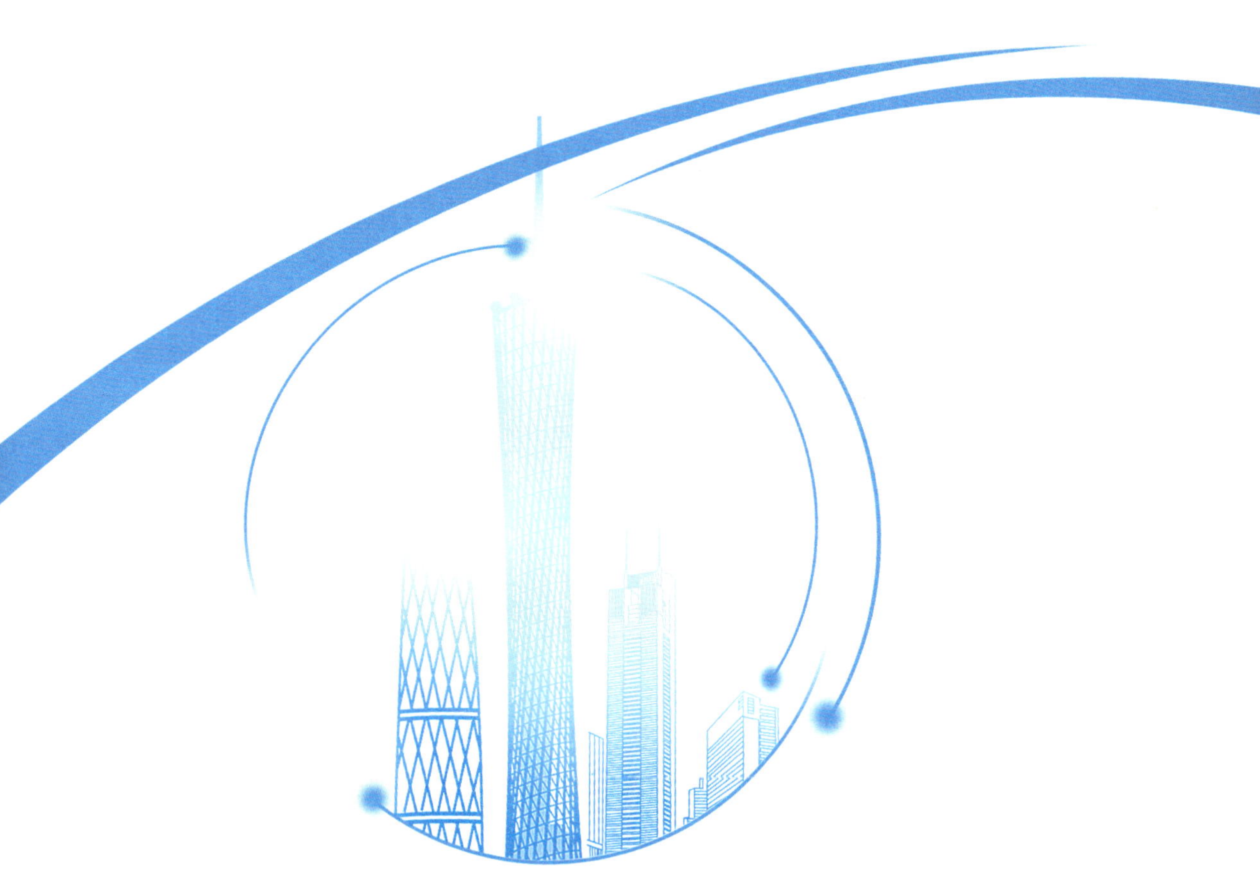

第一节 行业龙头领风骚——宏大爆破上市之路[1]

一、宏大爆破公司简介

广东宏大爆破股份有限公司（深圳证券交易所中小板：002683，以下简称“宏大爆破”或“宏大”）是中国第一家露天矿山采剥服务上市企业，是国内爆破技术先进、采剥能力强、矿山工程服务项目最齐全的矿山和民用爆破（简称“民爆”）一体化服务商之一。宏大爆破矿山民爆一体化服务的核心竞争力是矿山开采与爆破技术，其业务主要集中于大中型露天矿山采剥，致力于为客户提供民爆器材、矿山基建剥离、整体爆破方案设计、爆破开采、矿物分装和运输等垂直、一体化的服务。宏大爆破是行业内资质最为健全、资质等级最高的企业之一，业务范围覆盖了内蒙古、宁夏、新疆、山西、河南、广东等国内露天采矿区域，矿山开采总量逐年攀升，年采剥总量超6 000万方，得到中国神华、神华宁煤、大宝山矿业、云硫集团、舞钢中加等多家大中型露天矿山业主的高度认可，获得了“宏大爆破，爆破专家”的行业口碑。广东宏大爆破股份有限公司的前身宏大爆破工程公司（以下简称“宏大工程”）创建于1988年，是广东省煤炭工业研究所下属的全民所有制企业。2001年5月，宏大工程并入广东省广业资产经营有限公司（以下简称“广业公司”或“广业”）。广业公司管理层在一次偶然的机会深入了解了宏大工程的技术实力，洞察了其发展潜力，随后便着手对其进行包装整合，并将旗下的另外两家爆破企业广东省力拓民爆器材厂和广东明华机械有限公司整体注入宏大爆破，协助公司于2012年6月12日在深圳证券交易所中小板挂牌上市。

二、宏大爆破上市历程

广业宏大爆破整合上市过程具体主要包括五个步骤：

第一步：宏大爆破现金增资2 200万股。2009年12月，宏大爆破向广业公司及宏大爆破公司原自然人股东增发2 200万股，其中向广业公司增发1 700万股，向原自然人股东增发500万股（自然人股东同意将增发的部分股份让渡给未参股的高管及技术骨干）。增发后公司总股本由6 500万股扩大至8 700万股，广业公司直接及间接持有宏大爆破53.16%的股权。

---

① 本案例根据沃土研究院提供的材料整理而成。

第二步：宏大爆破资本公积与未分配利润转增股本 5 220 万股。以 2009 年 12 月 31 日宏大爆破账面资本公积转增股本 5 220 万元，注册资本从 8 700 万元增加至 13 920 万元。

第三步：将力拓厂、明华公司 100% 的国有产权（股权）转让给宏大爆破。以国有产权协议转让的方式，将力拓厂、明华公司 100% 的国有产权（股权）转让给宏大爆破；同时将力拓厂整体改制为法人独资的有限责任公司；明华公司吸收合并改制后的力拓厂。

第四步：宏大爆破向战略投资者及管理层和技术骨干增发 2 500 万股，为筹集 1 亿元以上发展资金，整合各方资源促成顺利上市。2010 年 9 月，宏大爆破增发 2 500 万股，其中向战略投资者增发 1 850 万股、管理层及技术骨干增发 650 万股，共募集资金 12 500 万元。宏大爆破此时决定引入战略投资者，一方面可获取长期的资金支持，另一方面可规范企业的运营并为登陆资本市场做好准备。广东中科招商创业投资管理有限责任公司（简称“广东中科招商”）正是此次引入的三家战略投资者之一。

第五步：宏大爆破公开发行股票并上市。2012 年 5 月 30 日，宏大爆破首次公开发行 5 476 万股，占发行后总股本 25.009 1%，发行价格为每股 14.46 元，共募集资金约 7.9 亿元，并于 2012 年 6 月 12 日在深圳证券交易所挂牌上市交易。

三、宏大爆破上市后的表现及前景

（一）企业财务表现

2013 年 3 月 9 日，宏大爆破发布 2012 年年报，报告期内公司实现营业总收入 16.25 亿元，同比增长 0.45%；实现营业利润 9 834.7 万元，同比减少 29.7%；归属于母公司所有者的净利润 8 350.32 万元，同比下降 31.16%；实现基本每股收益 0.44 元，完全摊薄每股收益 0.38 元。收入上升、利润下降的主要原因之一可能是兼并收购和成立合资公司增加了成本。由于露天矿山采剥、民爆器材销售占宏大爆破 2012 年收入的 96%，其中露天矿山采剥、民爆器材销售占营业收入的比重分别为 63.56%、32.46%。上市以来公司矿山爆破工程业务平稳增长，2012 年底爆破工程业务带来营业收入 12.59 亿元，同比增长 15.6%，是收入增长的主要动力。另外，由于区域销售市场经济环境不景气以及广东明华韶关分公司停产，毛利率较高的民爆器材销售业务收入同比下降 32.8%，因此对公司 2012 年收入造成了较大拖累。

随着宏观形势逐步向好，爆破市场亦将回暖，宏大爆破 2013 年具有几个增长点：广东明华韶关分公司复产带来的业绩恢复；募投项目新增产能带来的销售增量；矿山爆破服务新增订单带来的业绩增长；收购永安民爆带来的业绩增厚。

（二）企业前景

宏大爆破计划通过产业与产品经营，整合省内外各种资源，加快合同采矿业务的发展，积极开展跨区域的民爆企业并购重组，调整军工业务结构和培育新的军工业务增长点，加快推进民爆一体化战略。作为上市公司，宏大爆破将力争在新的平台上，发展成为国内规模最大、整体爆破方案设计能力最强、爆破技术最先进、服务内容最齐全的矿山民爆一体化服务商；在3~5年内打造成世界一流的爆破服务企业，参与国际市场的竞争。有了资本市场的历练和经验，宏大爆破未来计划推行“产业+资本”的经营道路，在大力发展主业的同时，通过发起设立行业内产业并购基金，对行业内的优秀企业进行资本运作。由于宏大爆破已逐渐延伸其产业链，对产业内的各个环节都有多年的从业经验，拥有一批资深的专业人士，在投资、并购项目时具备普通投资机构不具备的专业优势，能够更好地掌握项目质量、控制项目风险。另外，广业旗下的200多家企业也为基金的投向、退出提供了多样化的渠道。通过推行“产业+资本”的模式，有望把宏大爆破打造成为“产业基金的实践者”。

四、PE投资的原因与作用

（一）投资原因

PE机构有专业的投资团队和投资理念。首先我们分析PE机构如何选择企业，这很值得广大中小企业关注。

（1）所处行业前景长期看好，公司占据行业领先地位。宏大爆破主营的民爆业务属于化工行业，民爆产品是化工行业中较少有的具有高毛利率的细分领域；而通过矿山民爆的一体化更是将其业务拓展到了矿山服务业，技术壁垒更高，市场价值也更大。现有的露天矿山开采模式包括“业主自采”“专业分包”“整体外包（即矿山民爆一体化服务）”三种。前两种模式存在生产效率低、开采成本高、经济效益差、安全生产问题突出等不同方面的缺点。而“整体外包”模式同时具备经济、高效、安全、环保等优点，对矿山业主而言是综合效益最佳的开采模式，因此同时也成为露天矿山开采的发展方向。

（2）宏大爆破掌握核心技术，拥有齐全的技术资质。矿山开采与爆破技术，是宏大爆破矿山民爆一体化服务的核心竞争力。公司拥有国内同行业规模最大、技术水平最高、学术研究成果最为丰富的一流专业技术团队。其中有国务院特别津贴专家2人，教授级高级工程师4人，在北京设有广业宏大矿业研究院，在广州设有研发中心。根据国内行业权威机构中国工程爆破协会2006年编写的《中国典型爆破工程与技术》，宏大爆破以独家15项技术入选中国200项爆破技术目录，位列全国前茅。截至上市前，宏大爆破共出版专著8部，在核心刊物发表论文百余篇，并成为行业内唯一一家三项资质齐全的企业。

（3）宏大爆破产业链齐全，拥有创新的服务模式。在宏大爆破的主业中，“采掘服务”提供高成长性业绩；“露天矿山采剥服务业务”的增长则带动“民爆器材生产业务”快速发展，新型爆破器材不断被研发，爆破效果和本质安全得到有效提升；与此同时，为了保证露天矿山采剥业务所需爆破器材的稳定供应，降低露天矿山采剥业务流通环节与产业链整体成本，宏大爆破首创了露天矿山采剥服务模式，能全方位满足业主的“整体化、精准化、个性化、安全化”的需求，在为客户提供最安全的爆破技术和民爆器材、最可靠高效的开采设备的同时，从业主利益最大化的角度出发，为业主提供最优整体解决方案。通过精准的爆破技术控制爆破后矿石块度，减少二次爆破，降低爆破成本，为业主提供包括提高资源回采率、降低贫化损失等个性化解决方案，开采效率高，使业主经济效益显著，符合环境友好型、资源节约型的科学发展观。

（4）宏大爆破拥有丰富的行业经验和品牌优势。宏大爆破是国内最早进入矿山民爆一体化行业的公司。多年以来，通过持续为客户提供安全高效、经济环保的采剥服务，获得了露天矿山业主的高度认可，树立了“宏大爆破，爆破专家”的行业口碑。上市前，公司已与中国神华、神华宁煤、大宝山矿业、舞钢中加等多家大中型露天矿山业主建立了长期战略合作关系。

（5）宏大爆破拥有能力突出的领军人物、优秀的管理团队以及专业的技术团队。宏大爆破由于有灵活的管理和敏锐的市场嗅觉，在发展中完成了几次及时的转型，逐渐向前发展并且占据了行业的优势地位。在宏大爆破发展过程中的领军人物郑炳旭董事长起到了关键的作用。郑炳旭曾成功主持“中国第一爆”“亚洲第一爆”“世界环保第一爆”等多项爆破领域具有里程碑意义的爆破项目；曾是中央电视台《东方之子》报道的新闻人物，并被新华社等八家单位评选为首届“转型2010中国经济十大领军人物”。

（二）PE机构的作用

宏大爆破成功上市离不开与私募股权（PE）投资机构的合作。国内外的经验表明，PE机构具有丰富的管理经验和市场运作经验的专业团队，能够帮助企业制定适应市场需求的发展战略，对企业的经营和管理进行改进，并对企业上市价值评估有显著的正面影响。宏大爆破在上市过程中与几家PE机构展开了深入合作，尤其是与广东中科招商的战略合作，使得宏大爆破在上市进程助推与公司发展等多方面得到有力的帮助和支持，究其原因：

（1）PE 机构为企业发展提供资金支持。广东中科招商等几家战略投资者共计投入 1.25 亿元，在一年多的上市申报期间保证了企业的资金运转和持续发展。

（2）PE 机构帮助规范企业。PE 资金进入后，全面协助宏大爆破按现代企业制度及上市公司的要求进行了规范管理与规范运营，提升了公司的管理效率和运营效益。

（3）PE 机构为企业嫁接各方资源，提供全方位增值服务。PE 机构通过为宏大爆破嫁接各方资源来完善其产业链，其中广东中科招商引荐的鞍钢在宏大爆破上市后与其开展了深度合作，在整合了鞍钢集团下属全资子公司、东北三省最大规模的民爆生产企业——鞍钢民爆后，宏大爆破跻身炸药生产领域全国前三。在 PE 机构的协助下，宏大爆破以产业链整合为导向，先后完成了包括宁夏永安民爆（流通企业）、湖南涟邵建工（国内领先的地下开采施工服务商）等多起并购，将企业服务范围向产业链的上下游进一步延伸，全面提升了企业的整体竞争力。

（4）PE 机构利用自身的经验和优势，推动企业上市进程。尤其广东中科招商在推动宏大爆破的上市进程中起了重要的作用，不仅全力协调配合宏大爆破在环评、IPO 路演、询价、发行、挂牌上市等过程中的有关工作，而且也提升了宏大爆破在资本市场上的认可度及其资本市场价值。

第二节　未雨绸缪展雄姿——硕贝德上市之路①

一、硕贝德公司简介

惠州硕贝德无线科技股份有限公司（深圳证券交易所创业板：300322，下文简称“硕贝德”）以无线通信终端天线的研发、生产和销售为主营业务，一直致力于运用新一代移动通信、无线互联网和物联网等技术，开发高品质、多品种的无线通信终端天线产品，为手机、笔记本电脑、移动电视终端、卫星定位终端等多种无线通信终端厂商提供一揽子的天线解决方案。公司在发展历程中屡获殊荣：2009 年，硕贝德被认定为“国家级高新技术企业”；2011 年 7 月，硕贝德“多制式高性能手机天线项目”列入国家发改委和工信部“电子信息产业振兴与技术改造项目 2011 年第一批中央预算内投资计划”，同年 9 月，被认定为“广东省省级企业技术中心”；10 月，硕贝德被评选为“国家火炬计划重点高新技术企业”“广东省创新型试点企业”；2012 年 1 月，公司

① 本案例根据沃土研究院提供的材料整理而成。

被批准组建“广东省工程技术研究开发中心”。

二、硕贝德上市历程及表现

（一）硕贝德上市历程

公司前身为成立于2004年2月17日的惠州市硕贝德通讯科技有限公司。2010年12月14日，公司整体变更为股份有限公司，名称同时变更为“惠州硕贝德无线科技股份有限公司”，注册资本为6 800万元。股份制改造之后，硕贝德在经营中逐渐拓展市场和客户，营业收入和净利润得到大幅提高，最终于2012年6月8日在深交所创业板成功上市。首次公开发行股票价格为14.3元/股，对应的2011年摊薄后市盈率为37.63倍，超过当时公司所在行业——通信设备制造业最近一个月平均滚动市盈率32.43倍。

（二）企业上市后的表现

（1）大客户拓展带来的营收和利润的增长。硕贝德始终坚持大客户战略，在稳固原有中兴、TCL等大客户的基础上，2012年来自于三星和联想的收入出现大幅度增长，其中来自三星收入4 000多万，同比增长50%，来自联想收入3 000多万，使得公司整体收入出现较快的增长。中兴通讯一直是公司第一大客户，但2012年来自于中兴的收入基本持平，主要是数据卡和功能机下滑速度过快，基本抵消了智能机爆炸式增长。中兴通讯方面预计中兴智能手机业务营收在2013年增长将超过30%，考虑到价格因素，中兴智能手机出货量增长有望超过40%。由于2012年数据卡和功能机天线收入基数很低，再下降对收入影响不大，硕贝德2013年来自于中兴的收入增长有望与中兴手机出货量的增长相匹配。硕贝德正全力争取进入三星高端机型供应链，目前公司占三星手机天线市场4%左右的份额，一旦突破，将进一步拉升公司在三星产业链的地位和供货份额。同时，进入高端手机将明显带动公司收入增长和毛利率回升。

（2）新产品的增量市场。硕贝德拥有LDS天线亿元产能规模。LDS即“3D激光雕刻天线”，目前被业内认为将是未来中高端智能终端天线的首选形式。公司已有激光雕刻机8台，按平均一年单台300万支产能计算，全年能实现过亿元的产值。高新技术企业重在创新与开拓，硕贝德概莫能外。“手机无线充电”，省去手机上的最后一根线，这一颇具想象力的产品或将成为未来公司的增量市场。目前硕贝德已专门成立相关事业部，并初步推出了4款产品以寻求匹配市场，但推广无线充电除了需要让用户习惯这一新的充电方式外，还需要克服其成本定价过高问题，目前天线100元左右，连底座 300～400 元/台，市场尚需一定时间的培育。

（3）上市后的并购活动。硕贝德公司于 2013 年 9 月 13 日盘后公告，拟利用自有资金出资人民币 6 300 万元，与苏州市澄和创业投资、深圳中和春生壹号股权投资基金、周芝福先生、周如勇先生、刘金奶先生共同向苏州科阳光电科技有限公司增资，在科阳光电原有在建厂房基础上进行改造升级，建设半导体集成电路 3D 先进封装项目。投资完成后公司占科阳光电注册资本的 56.76%，科阳光电成为公司控股子公司。公司投资苏州科阳光电，拟利用其现有在建厂房，建设一条年产能超过 12 万片的半导体集成电路封装生产线，打造一个国内领先的半导体集成电路 3D 先进封装平台。科阳光电建设的 3D 封装产线，主要用于封装精密半导体集成电路，可用于手机摄像头中的光学芯片封装。硕贝德发起此次并购活动主要是看中手机摄像头领域发展的广阔空间。

（三）硕贝德未来的发展战略

未来公司在二级市场中的股价很大程度上取决于投资者对公司未来发展的预期，而未来公司的发展战略对投资者预期影响较大。硕贝德是国内无线通信终端天线领先厂商，自设立以来一直致力于运用新一代移动通信、无线互联网和物联网等技术，开发高品质、多品种的无线终端天线产品，为无线通信产品、无线 IT 产品制造商提供一揽子无线通信终端天线解决方案。未来，作为上市公司，硕贝德将持续专注于本行业，抓住新一代无线通信技术逐渐成熟的机遇，坚持技术自主创新，扩大生产规模，优化产品结构，提升精密制造能力，进一步强化国内领先的市场地位，加强国际高端客户销售力度，致力于发展成为国际无线通信终端天线领域的领先厂商和优势企业。

三、硕贝德引入创投机构的原因及公司上市启示

从无到有，从小到大，回顾硕贝德的发展历程，创投机构的进驻功不可没。在惠州硕贝德无线科技股份有限公司的 36 名股东发起人当中，就有创投机构广东中科招商创业投资管理有限公司的身影。广东中科招商以其独到的战略眼光，在硕贝德业务还未尽然开拓、营收较少的情况下于 2010 年 9 月对其果断投资，并成为硕贝德的第二大股东，进驻后，广东中科招商为硕贝德的上市与未来发展提供了专业的增值服务。

（一）引入创投机构的原因

（1）为公司东江高新科技工业园新厂房及办公楼等建设提供资金支持。为了解决公司生产经营场所问题，同时满足扩大产能的业务快速增长需求，2010 年 4 月公司以出让方式取得了位于惠州市水口街道办事处东江高新科技工业园（上霞区）内一块土

地的使用权，并计划在该地块新建厂房及办公楼等。公司的自有资金只能基本满足公司的正常周转，难以解决建设资金问题。为按计划完成项目建设，公司急需对工程建设资金进行融资，然而在国家宏观调控的影响下，公司较难获得银行大额固定资产建设贷款。创投资金可以为企业解决自有资金不足的问题。

（2）公司业务发展较快，产销规模逐年提升，营运资金周转趋紧。2008 年至2010 年，公司营业收入由 4 979.29 万元增长至 16 575.59 万元，年复合增长率达 82.45%。公司业务规模持续扩张，使营运资金较为紧张。为保障公司业务的良性发展，公司可以通过股权融资方式，降低财务风险，增强公司经营实力，为实现公司的持续发展奠定基础。

（3）优化股权结构，健全公司法人治理结构，提升公司规范化、独立性运作水平。在增资之前，公司为单一内部股东的股权架构，引入外部的优秀股权投资者，可以帮助公司改善股本结构，同时建立起有利于公司长远发展的治理结构、监管体系、法律框架和财务制度，从而降低经营风险，提升公司的经营管理水平和效率。

（4）提升公司形象，提高资本市场认可度。引入战略资本者可以帮助企业迅速扩大规模，从而使企业在未来的发展过程中更容易获得银行的支持、投资者的追捧。

（5）提高公司资源整合能力，增强公司的核心竞争力。公司希望战略投资者所携带的市场视野、产业运作经验和战略资源可以帮助企业更快地成长和成熟。同时希望引入战略投资者能够产生立竿见影的协同效应，从而在比较短的时间内改善企业的收入成本结构，提高企业的核心竞争力并最终带来企业业绩和股东价值的提升。为了助推公司稳步发展，引入的创投机构的品牌知名度与专业性也是硕贝德寻求战略合作的重要考量因素。广东中科招商作为国内较为知名的创业投资机构，在协助高速成长企业规范运作、提升经营管理水平、筹划资本运作等方面具有较为丰富的经验和资源，能够为企业的规划化运作提供更多帮助，使企业得到更快更好的发展。

（二）硕贝德上市启示

上市可以使企业获得直接融资渠道，企业可以通过资本市场获得更多的低成本资金，促进企业扩大规模，提升知名度，增强竞争力。纵观国内外知名企业，产品运营仅仅作为资本原始积累的初始阶段，而后大多都是通过上市融资等进行资本运作，实现规模的跨越，迅速跻身大型企业的行列。这一点在硕贝德的上市案例中也得到了充分的体现。随着企业上市，企业变成了受社会关注的公众公司，要接受监管当局严格的监管，需完善内部治理结构、确立现代企业制度，在公司治理方面更加规范。因此，上市可以增强顾客、供应商、贷款人以及投资者对公司的信心，使企业有更好的发展机遇，能够得到更多的发展机会。

公司上市对一个企业的长远发展意义重大，不仅拓宽了公司的融资渠道，同时有利于完善公司内部治理结构，确立现代企业制度。然而企业在上市之前往往需要对自己的长期盈利能力有一个冷静的预测，在没有较大的把握之前，匆忙上市则会孕育很大的风险。究其原因，上市即意味着企业资金的迅速扩张，使企业大大缩短资本积累的过程，从而可以在较短的时间内实现跨越式发展。资本扩张必然要求生产规模扩大和产品销售量的大幅度增加，如果市场开拓不够，管理不能到位，很有可能造成资本的闲置，这也是投资者所不乐见的。此外，资本在企业发展中，只是一个重要方面，并非全部。因此，在激烈的市场竞争中，企业是否到了迅速扩张的时期，是否具有与资本相匹配的营销能力和核心竞争力，是必须予以特别关注的。

第三节　解放思想谋转机——华锋股份上市之路①

一、华锋股份简介

华锋股份成立于 1995 年 8 月，注册资本为 6 000 万元人民币，系中外合资企业。公司及其前身自成立以来一直从事铝电解电容器用电极箔的研发、生产及销售，主要产品为铝电解电容器用低压化成箔。产品主要销售给包括日本 NICHICON、NCC，韩国三莹、三和，中国台湾冠坤、凯美以及大陆的风华高科、厦门信达、南通江海电容器厂等在内的国内外知名铝电解电容器生产厂商。华锋公司是享受国家政策支持的高新技术企业，系国内低压化成箔领域的领军企业之一。公司有着多年研发生产腐蚀箔和化成箔的经验，在技术、生产、研发及管理能力上都处于行业先进水平。目前公司低压化成箔的产量、产品质量及产品系列规格在国内同行业中名列前茅，部分产品的质量已经达到了代表电极箔最高水平日本企业的水平。在化成箔的产业链中，腐蚀箔的生产是技术难度最高、工艺最复杂的环节，因此部分化成箔生产企业需要通过外购腐蚀箔进行化成生产。根据中国电子元件行业协会信息中心的统计数据，公司是目前国内能够大规模自主生产低压腐蚀箔，并能够对自产腐蚀箔进行大规模化成生产的少数几家企业之一，2012 年度本公司低压化成箔产量全球排名第四、国内排名第二，占全球低压化成箔市场份额的 8.10%，国内低压化成箔市场份额的 18.28%。公司是目前国内少数有能力向国际市场出口低压化成箔产品的企业之一。2010 年，基于增强公司盈利能力、延伸产品链、提高公司整体竞争力等方面的考虑，公司在保持低压化成

① 本案例根据广东正中珠江会计师事务所提供的材料整理而成。

箔领域优势地位的同时借助公司多年来在低压化成箔领域积累的技术、管理经验和优质客户群，开始进入中高压电极箔的研发、生产及销售。

经过二十来年的自主创新和艰苦创业，公司已发展成为国内低压化成箔行业的龙头企业之一，从生产规模、技术水平、市场份额等指标来评价，华锋股份目前的综合实力在行业中排名前三位，在同行业有着一定的影响和地位。华锋股份低压电极箔年产能 960 万平方米，产品销售收入连续三年超过 3 亿元，利润连续三年超过千万元，系端州区的纳税大户，并解决劳动力就业 480 余人，为肇庆和苍梧地区经济社会的发展做出了一定的贡献。

二、华锋股份上市历程及发展前景

（一）前期发展历程

1995 年华锋股份前身华锋有限成立，注册资本 1 500 万港元，经营范围是电解电容器原材料腐蚀赋能铝箔及元器件专用材料、电子元器件产品、高效聚合氯化铝铁净水剂及高效脱色剂、污水处理剂产品的开发、生产、销售和进出口业务。历经多次增资和股权转让后，2001 年 11 月，广东省科技创业投资公司（以下简称“科创公司”）以股权置换方式成为华锋股份的股东，折投资金额 2 121 万元，持有华锋股份股权比例为 31.57%。进入华锋股份后，科创公司对其技术、人才、管理等各方面的要素进行了整合，并积极帮助其扩产进行投融资服务，提升了企业的现代管理水平和自我发展能力。在科创公司的帮助和规划下，华锋股份管理层改变思想观念，公司走上改制上市的发展道路。

（二）股改上市前整合过程

（1）华锋股份全体股东鼎力推动华锋改制上市的必要性和可行性。

科创公司在长期的投资实践中，目睹一批企业成长壮大，另一批企业走向衰落。科创公司认识到：华锋公司若不抓住机会发展，不进则退，最终只会在市场的竞争中被淘汰下来，这也是广东省粤科金融集团及华锋公司全体股东鼎力推动华锋公司改制和上市进程的初衷和出发点。华锋公司必须清醒地认识到：虽然在国内低压电极铝箔行业具有一定的实力，但相对于国际甚至国内同行业的一流大型企业来说，华锋公司在资本实力、生产规模、技术水平、市场占有率等各方面都还存在着较大的差距。在残酷的市场竞争中，不进则退，华锋公司唯有利用现有基础，抓住机遇，进一步加快发展，做强做大。特别是抓住当前国内资本市场蓬勃发展和大力支持创新中小企业发展的机遇，加快改制上市步伐，筹集更多资金来迅速扩大实力和规模，实现跨越式的发展，才是华锋股份唯一的正确选择。因此华锋公司进行改制上市是必要和必需的。

华锋股份要做强做大，必须要有持续的资金投入，进而促进企业实现快速发展。根据省政府和肇庆市政府关于大力发展资本市场，响应利于企业改制上市融资的号召，科创公司认为：华锋股份的基本素质较好，比照2006年5月17日中国证券监督管理委员会第32号令《首次公开发行股票并上市管理办法》，华锋股份的主体资格、独立性、规范运行及会计等方面都有可能达到上市的基本条件。但目前规模偏小，还需要加速扩大生产能力，提升经营业绩，同时需要进行股改和规范运作。经过2年时间的培育，科创公司对华锋股份上市大有信心。

根据证券监管机构和中介机构的建议，科创公司对华锋股份的计划是：2007年，将华锋股份整体改制为股份公司，并进入上市辅导期，同时进行适当扩产；2008年力争实现销售收入2亿元以上，利润2 000万元以上；在此基础上于2009年或者2010年正式向中国证监会申报上市，争取2009年或者2010年在深交所中小企业板上市。在此期间，如国家推出创业板，华锋公司则争取优先尽快在创业板实现上市。如华锋公司成功上市，预计能够募集2亿元以上的资金，募集资金将主要用于扩大现有产品的生产规模以及相关上下游产品及辅助配套生产消耗品的生产。预计募集资金项目达产后，届时华锋公司可实现年销售收入7亿元以上，净利润8 000万元以上，预计向国家和地方政府上缴各类税费达5 000万元。因此，华锋公司进行改制上市是可行的。

（2）变更设立华锋股份公司的过程。

为进一步转换经营机制，拓宽融资渠道，扩大经营规模，提高经济效益和市场竞争能力，香港联星科创公司、广东省科技创业投资公司、肇庆市汇海技术咨询有限公司、肇庆市端州区城北经济建设开发公司四方发起人共同议定，将肇庆华锋电子铝箔有限公司依《中华人民共和国公司法》之有关规定，经批准整体变更为肇庆华锋电子铝箔股份有限公司。

变更设立肇庆华锋电子铝箔股份有限公司的筹建工作，经历了成立工作小组、聘请中介机构、制订改制方案、资产审计评估、进行可行性论证、申请变更设立、召开创立大会、申领股份公司营业执照等几个过程。

2008年1月30日，商务部《关于同意肇庆华锋电子铝箔有限公司变更为外商投资股份有限公司的批复》（商资批〔2008〕105号），同意肇庆华锋电子铝箔有限公司整体变更为肇庆华锋电子铝箔股份有限公司。根据公司创立大会决议和发起人协议书，由华锋有限各股东作为发起人，以华锋有限截至2007年5月31日经审计的净资产60 057 028.25元折成股本6 000万股，剩余57 028.25元计入资本公积。广东正中珠江会计师事务所有限公司出具“广会所验字〔2008〕第0723770037号”《验资报告》对出资进行了验证。2008 年 3 月 26 日，公司在广东省工商行政管理局办理了工商变更登记手续，领取了注册号为 440000400009106 的企业法人营业执照。

（三）华锋股份公开发行并上市

华锋股份成立后，经过辅导验收，于 2012 年 12 月向中国证监会申报 IPO 材料。由于 2012 年 11 月起 IPO 暂停，公司除做好生产经营各项工作，期间按照证监会的要求披露相关信息，保证公司处于正常审核状态。2016 年 1 月 29 日，华锋股份顺利通过中国证监会发审委的首发审核；于 2016 年 7 月 8 日取得 IPO 的批准文件；2016 年 7 月 26 日，华锋股份首次公开发行 2 000 万股，占发行后总股本 25%，发行价格为每股 6. 2 元，共募集资金约 1. 24 亿元，并在深圳证券交易所挂牌上市交易。

（四）企业前景

华锋股份未来将继续立足于铝电解电容器专用铝箔生产，坚持以市场为先导，精准把握宏观经济形势及产业政策，充分发挥公司已有的技术与人才优势、品质与品牌优势，继续走产学研相结合的道路，在省级企业技术中心基础上，加大研发投入，开发新产品，提高产品质量，力争成为行业龙头，实现产品全面替代进口的局面。在保持现有国内市场优势的基础上，进一步积极开拓国际市场，使公司成为国内、国外市场并重的国际化企业，向全球供应优质的铝电解电容器用电极箔。上市募集的资金，一是新建 20 条低压腐蚀生产线项目，解决公司产能瓶颈问题，进一步提升产能与产品附加值；二是新建研发中心项目，为公司未来发展提供持续动力。

华锋股份将以本次发行上市为契机，在未来三年，充分利用现有自主创新、技术产业化、营销和服务等方面的竞争优势，通过募集资金投资项目的实施，在现有的产能的基础上增加低压腐蚀箔产能。公司募投项目实现产能后，将成为国内低压铝电解电容器用电极箔的龙头企业，为股东及社会创造更大价值。

三、PE 投资的原因与作用

（一）投资原因

1. 技术研发优势

（1）长期研发和生产经验积累形成了系统性的自主研发体系。

电极箔生产过程融合了机械、电子、化学、金属材料等多种学科和技术，多学科应用凸显了电极箔厂商的产业化竞争优势。公司作为高新技术企业，拥有省级企业技术中心，取得了“电解电容器低压阳极箔的变频腐蚀方法”等2项发明专利及“化成铝箔修补用大功率脉冲电源”等6项实用新型专利。公司通过自主研发掌握了20项非专利技术，这些非专利技术大部分在国内同行业中处于领先地位，为公司带来了较大的竞争优势。公司拥有强大的研发实力，已形成集自主工艺研发、高效生产线研发设计以及控制系统研发为一体的系统性研发体系，为未来发展提供了源源不断的动力。

（2）富有丰富经验且稳定的研发团队。

公司在新产品的研发和工业实现方面拥有优秀的综合技术研发团队，涵盖了电子材料、电化学、化学分析、机械设计、自动化控制、环境工程等领域，可满足公司长远发展的各个领域的专业技术人才。公司现有核心技术人员均在公司从事技术研发十年以上，其中公司总工程师、副总经理谭惠忠从事电极箔行业二十余年，主持并完成了5项省部级课题，是该行业的资深专家。

（3）良好的外部技术合作环境。

除自主开发之外，公司也非常注重技术合作、交流和引进。公司通过与电化学研究的主要院校厦门大学、电子元器件材料研究及产业化成果丰硕的西安交通大学、信息化及自动控制技术处于华南地区前沿的华南理工大学、在绿色环保能源研究方面有着独特专长的仲恺农业工程学院等学校建立长期合作关系，在人才培养、技术培训、新产品开发、技术攻关等方面取得了良好的效果。

2. 规模优势

电极箔行业是兼具技术密集型与资金密集型特征的行业，对投入资金及生产规模均有较高的要求，只有具备一定规模的企业才能确保产品性能稳定和成本有效控制。目前虽然我国生产低压铝电解电容器用铝箔的企业数量较多，但规模大多较小，无法形成规模效益。经过多年的快速发展，目前公司已跻身国内低压化成箔领域规模最大的两家企业之一，根据中国电子元件行业协会信息中心的数据，2012年度公司低压化成箔产量全球排名第四、国内排名第二，占全球市场份额的8.10%，国内市场份额的18.28%。

3. 成本优势

原材料采购和生产线投入是电极箔生产的主要成本，公司在这两方面具有一定的优势。

（1）原材料采购方面，公司在国内率先成功采用国产硬态光箔作为产品原材料，相对软态光箔而言，硬态光箔在生产工艺上不需要进行退火工序，因此公司该系列产品成本比国内其他使用软态光箔作为原材料的厂家低5%～10%。同时，随着行业快速发展和行业技术水平进一步提高，国内电极箔生产行业的产业链已经基本形成，化成箔的主要原材料电子光箔的国产化已经取得重大进展，同等质量的国产电子光箔采购价格比从日本进口的价格低15%以上，有利于促进公司产品进入国际市场，提升国际市场竞争力。

（2）生产线投入方面，公司的生产线及辅助系统均由公司研发团队自行研发设计后委托专业厂商生产，且在实际生产过程中可根据生产需求进行技术改进及设备改造，进一步提高生产效率，提升产品质量，降低生产成本。而目前国内同行业企业多数不具备针对生产设备的设计开发能力，只能通过外购生产线进行生产，成本较高且无法实现生产线的及时更新和技改，生产效率相对较低，无法实现规模化带来的成本优势。

4. 产品结构优势

（1）丰富且专业的产品结构。华锋股份以客户需求为导向，致力于铝电解电容器用电极箔的研发、生产及销售。公司当前拥有7大系列、30多种型号的高、中、低不同档次的产品，产品基本涵盖了低压全系列及部分中高压系列产品，可以充分满足不同层次客户对产品功能和价格的需求。

（2）市场导向的产品研发计划。在多系列、多品种稳步发展的同时，公司根据市场需求，集中力量攻克国内行业技术发展的瓶颈并取得了重大成果。针对未来发展空间较大的环保、新能源、机车等应用领域要求铝电解电容器兼具长寿命、高可靠性的特点，公司专门研发了LH系列产品（50WV～140WV，属于低压化成箔里的高电压段产品）。公司顺应市场发展要求，经过近几年持续的技术创新和改进，LH系列产品生产技术进一步提升，化成电压规格已达到现有化成工艺体系下的极限电压140WV左右，且产品性能稳定，而目前国内化成箔生产厂商中能够达到该水平的企业极少。

5. 质量与品牌优势

公司自1995年进入铝电解电容器用铝箔行业以来，一直坚持走高品质产品路线，公司生产的低压化成箔系列产品的性能和多项技术指标达到国内领先，部分产品品质及相关指标已经达到日本同类产品的水平。公司生产的“HFCC牌电解电容器用铝箔产品”被广东省质量技术监督局认定为广东省名牌产品，“HFCC”商标被广东省工商行政管理局认定为广东省著名商标；公司生产的“低压化成箔产品”被广东省科学技术厅认定为广东省高新技术产品；公司2008—2013年连续六年被中国电子元件行业协会评选为中国电子元件百强企业。公司凭借稳定优质的产品质量在客户中树立了良好的品牌形象及品牌认知度，为公司进一步巩固和提高在同行业中的领先地位及消化未来募投项目产能奠定了坚实的基础。

6. 新技术和新产品储备优势

公司长期坚持以市场需求为导向，采用“生产—储备—研发”梯度式发展模式，实施适度超前的新技术储备战略，提前做好新产品规划和新产品储备。通过自行研发与合作研发，目前公司已经储备了高介复合氧化膜化成技术、低压变频腐蚀工艺的应用拓展、用于水系电解液铝阳极箔的开发等多项用于制造低压高比容化成箔产品的新技术和专用设备。

7. 优质客户群优势

为抓住全球产业转移的机遇，满足国内外知名整机企业技术和产品升级的需要，公司凭借其优质的产品性能、不断提升的技术工艺水平、良好的企业信誉、健全的客户服务体系，在经营过程中积累了丰富的客户资源，与国内外众多知名的下游铝电解电容器生产企业建立了长期、稳定的合作关系，并有机融入了这些客户的产业链。公司的客户包括日本、韩国、中国台湾和大陆的各主要从事铝电解电容器生产企业，其产品广泛应用于各主要电器生产商。这些企业实力雄厚，财务状况良好，处于行业领先地位。公司的优质客户群为公司扩大生产和销售规模、降低财务风险、增强抵抗风险能力、增强未来持续盈利能力和市场开拓能力提供了强有力的保障。

8. 区域竞争优势

公司地处广东省肇庆市，是广佛肇经济圈中的一员，属泛珠三角地区，该地区是我国经济发展最为迅速的地区之一。公司充分利用该地区的人才高地优势，吸引了大批优秀的营销、管理、技术人才。此外，我国的大型电容器生产厂商主要集中在长三角和珠三角地区，尤其是广东省集中了多家电容器和化成箔生产厂商，公司处于产业集群的核心地带，可以充分发挥产业集群优势和区域经济优势。

9. 专业、稳定的销售团队

公司的发展始终以市场为导向，历来重视销售和服务网络的建设，举全公司之力全力配合销售部门开拓市场。为了更好地服务于客户，公司的销售人员均从技术部门、一线生产部门选拔出来，并且还进行不定期的销售培训；对于重点客户，公司还会选派销售人员入驻客户生产一线，了解客户对电极箔的一些特殊要求，以增加销售人员对下游产品的认知度。通过上述措施公司培养了一支深知自身产品又了解下游客户需求的技术型销售队伍。公司专业、稳定的销售团队具有与客户保持顺畅沟通和服务响应及时的优势，在赢得了客户的口碑和认可的同时，更是巩固和提高公司市场竞争力的重要因素。

10. 管理团队优势

公司管理团队在各自的专业领域中具有丰富的经验，拥有电子材料、电化学、机械设计、自动化控制、环境工程等学术专业背景，是一批既懂技术又懂管理的综合型管理人才，同时公司的主要管理人员及核心技术人员又是公司的直接或间接股东，进一步稳定了公司的管理团队。公司中高层管理团队立足于内部培养，积极倡导员工学习深造，通过持续的内部培训和提供外部培训机会，形成适应性强、协同效应佳的学习型管理团队，极具战斗力。正是这样一个积极进取、虚心学习的管理团队保证了公司长期以来快速、稳定、健康的发展态势，实现了公司业务的快速发展和国际化。同时，公司充分吸收了内资企业和中外合资企业各自在管理方面的优势，把内资企业人性化的管理制度和中外合资企业严格的成本预算控制机制相结合，在企业管理制度化的同时，吸引并留住了大批优秀人才。

（二）PE 机构的作用

1. 帮助企业管理者转变思想观念，使其认同科创公司对华锋上市的发展规划

2006 年末，科创公司决定启动华锋项目改制上市前，华锋股份的管理层，特别是谭帼英女士，对上市的认识还比较模糊，对公司上市的必要性和紧迫性缺乏认识，“小富即安”思想比较严重。科创公司领导从上市对华锋的益处、公司所面临的竞争格局，到股改上市的详细进程等资本运作知识由浅入深对其进行多次耐心的知识普及；并请其参加鸿图在深圳交易所上市的仪式；参观顺络电子等一批优秀的已上市公司；与已上市公司领导进行座谈会等，帮助其逐步转变思想观念，促使其慢慢了解并认同科创公司对华锋进行改制并上市的基本想法，使其在思想认识上与科创公司达成一致。

“思路决定出路，速度决定行动”，思想观念转变后的华锋股份，公司各项工作都紧紧围绕改制上市主题进行，公司焕发出勃勃生机。公司进行改制上市的工作在科创公司的帮助下有条不紊地展开，公司于 2007 年完成销售收入 1.36 亿元，与 2006 年同期相比增长 25%，2007 年实现净利润 1 564 万元，与 2006 年同期相比增长 23%。公司发展势头喜人，为公司未来上市奠定了基础。

2. 协助企业做好股改、上市的规划和具体工作

科创公司 2007 年工作计划要求科创管理公司年内必须完成华锋股份股份制改造工作。科创公司领导根据华锋股份的实际情况，首先为华锋股份量身定做了适合自己特色的股改上市发展规划进度，对未来三年的时间进度、工作内容、预期目标、采取的步骤措施等进行了详细规划。同时要求科创管理公司华锋项目小组深入企业内部，帮助华锋股份首先进行股份制改造的各项具体工作，确保股改到上市的工作能够按照规划时间进度表进行。华锋项目小组成员与华锋股份一起从成立工作小组、聘请中介机构、制订改制方案、资产审计评估、进行可行性论证、申请变更设立，到最后召开创

立大会、申领股份公司营业执照等过程都进行了大量的材料整理、跟踪报批进程等工作，帮助华锋股份于2008年3月顺利拿到股份公司的营业执照。目前，华锋股份正在按照科创公司的规划，进行辅导验收的工作。华锋股份上市工作正在按照公司的部署有条不紊地展开、进行。

3. 协助企业搭建规范的法人治理结构，健全董事会职能

华锋股份作为民营企业虽然已经初步搭建起治理结构的框架，但是离真正意义上的公司治理结构还有很长一段路要走。股改前公司在规范化、制度化、财务管理等方面的水平还有待进一步提高，科创公司重点在华锋股份规范化上下功夫。采取的措施有：优化股东结构，充分发挥各股东的优势，形成股东议事机制；健全董事会职能，强化董事会作用，制定董事会议事规则，使董事会在发展战略、投资计划和投资方案、经营目标及考核方案、经营预决算、重大人事安排、对外合作等方面发挥主导作用；改变了华锋家族成员在董事会中的比例，董事会人数增为九人，为华锋股份引入了独立董事，从而使董事会有较强的议事能力和决策能力，为董事会提高决策水平、防止决策失误提供了保障；逐步完善各项管理制度，使程序性的工作完全按制度规范运行，减少人为干涉，在公司倡导法治。

4. 协助企业提供后续的融资增值服务

华锋股份虽然具备了股改上市的基本素质，但是经营业绩与上市目标还有一段差距，为了尽早使得华锋股份满足上市所要求的营业收入和利润的门槛条件，科创公司从2006年起，先后对华锋进行1 000万元的股东借款和2 000万元额度的股东担保，满足了华锋股份扩大生产所需的固定资产投入和流动资金的需求。扩产完全达产后，可实现销售收入2.2亿元以上，净利润2 500万元左右。同时，科创公司对华锋资金的介入，不仅满足了华锋生产经营所需的资金，也增强了银行对企业前景的信心。由于科创公司资金在适当时机的介入，企业发展的各项指标优异，使企业在各银行获得的融资额度持续大幅增加，解决了长期困扰企业发展的瓶颈，经营业绩指标有了跳跃性发展。

5. 协助企业对发展中面临的风险制定对策

公司的快速发展，当然也会面临一系列的风险，科创公司通过分析华锋所属的行业以及其经营管理、产品、技术、客户和竞争对手的情况，认为华锋存在市场竞争的风险、主要原材料的风险、技术外泄的风险、人才不足的风险、管理的风险等。通过对上述风险进行深入分析后，帮助华锋股份制定出一系列可使华锋股份行之有效的措施和对策。例如：针对人才不足，科创公司首先改变了谭帼英家族管理的观念，确保公司高级管理人员的高素质、业务知识多元化，并有意识地进行人才培养和挑选。

第四节　脸部识别为人先——粤科金融集团投资广东铂亚公司[①]

一、广东铂亚信息技术有限公司简介

（一）公司概况

广州市铂亚计算机有限公司成立于1999年8月，注册资本5 000万元。铂亚公司是专业从事人体生物特征识别核心技术研究、应用产品开发及市场推广的高新技术企业。铂亚公司一直致力于人脸识别技术的推广应用。多年来，公司已在自主技术创新、产品研发方面取得了突破性进展。目前，铂亚公司已成长为国内人脸识别行业的领先者。

（二）公司产品及服务

公司主要围绕人脸识别和智能视频分析两大核心技术开发产品、提供服务，主要产品和服务包括人脸库系统、识别实时布控门禁等解决方案。公司所提供的产品和服务广泛应用于户籍管理、社会治安出入口控制、门禁交通管理物业等领域。

人脸识别是指依据人的脸部五官以及轮廓分布的差异性进行识别。人脸识别设备安装便利，隐蔽性强，能远距离非接触锁定目标，已被广泛应用于安防中。人脸识别有三种应用模式，分别是人脸检索模式、人脸验证模式和人脸监控模式。公司人脸识别解决方案运用此三种模式，研发出了人脸库系统、人脸识别门禁系统、人脸识别实时布控系统。

人脸库系统：人脸库是指通过对人脸照片进行采集，运用计算机和人脸识别算法技术对人脸照片特征数据进行提取和建模，并将运算结果汇集存储而形成的数据库。公安部门利用人脸库，运用人口信息人像比对技术，对人口信息相片数据进行分析处理，进行人口信息管理。公司的人脸库已应用于广东多个地市，广西、山东公安厅，成都市公安局人口信息人像比对系统的建设。

人脸识别门禁系统：人脸识别门禁系统是在传统出入口控制系统中加入了人脸识别技术的门禁系统。该系统可管理性强，已广泛应用于监狱、劳教、看守所、党政机关、银行营业厅、金库、机场员工通道、企事业单位的重要建筑、场所的门禁建设，

① 本案例根据广东省风险投资促进会提供的材料整理而成。

改变了以往门禁系统中只认 IC 卡不认人的机械模式。

人脸识别实时布控系统：人脸识别实时布控系统是人脸识别技术在视频监控系统中的应用。当目标人群经过指定区域时，系统可自动发出报警信息。此系统主要应用于目标人群容易经过的场所，如小区出入口、车站、机场、固定通道、网吧等。通过此系统可以有效阻止目标人群进入指定区域从事非法活动，也可以通过此系统抓捕在逃的犯罪嫌疑人员。

（三）公司财务及运营概况

铂亚公司总体经营情况良好，一方面由于自有人像识别产品的广泛推广，使得公司整体盈利能力得到提高，毛利率水平基本稳定在 40% 左右；另一方面获得广东省发展与改革委员会（支撑云计算的虚拟化资源动态安全管理平台系统及产业化）450 万元经费支持进一步增厚了公司的收益，若扣除非经常性损益的影响，公司的净利润增长率仍然保持在 30% 以上。同时，公司的各项期间费用控制良好，经营活动的净利率维持在 18% 左右。

二、粤科金融集团投资后管理及退出

（一）投资后管理

第一，完善铂亚公司的治理结构和财务内控制度。按照上市公司治理准则的要求，督促铂亚公司完善法人治理结构，组建“三会”并形成合理制衡、科学决策的经营管理机制。项目组协助公司起草了财务管理及内控制度，对货币资金管理、成本费用开支、预算管理等各个方面做出详细规定，明确了多级审核、审批权限，推动公司建立健全财务管理制度，加强内部控制和提高风险管理能力。

第二，协助对接券商等中介机构，推动股改和上市进程。项目组协助公司选聘资质好、信誉高、有经验、有能力的中介机构，为公司股改和上市提供服务。项目组会同中介机构团队，从不同的角度对铂亚公司的改制方案进行论证，确保改制方案的可行性和可操作性，并组织召开中介研讨会，针对公司申报 IPO 上市及重组并购等战略决策进行研讨。同时密切关注监管部门的政策导向，推动公司在新三板挂牌的进程，并协助公司对接有意向的上市公司和并购交易谈判。

第三，帮助公司协调与政府之间的关系并整合资源。在铂亚公司发展壮大的历程中，项目组积极为公司协调相关政府资源，例如在 2012 年成功申报广东省第二批战略性新兴产业核心技术攻关项目，并获得重大科技专项扶持经费 1 100 万元，大大增强了企业的研发投入和实力。另外，公司计划购置新的写字楼作为总部，项目组协助对接番禺天安科技园，获取政策优惠条件使得公司顺利落户番禺区。

第四，关注重点项目的进展情况，针对重大经营决策提出可行性建议。参与铂亚公司的股东会和董事会，共同研讨公司的战略发展规划和重大经营项目的决策，密切关注公司自有产品的开发工作，协助公司与中科院合作建立实验室，进一步增强公司的研发实力和竞争优势。项目组统筹考虑公司实际情况、上市进程的影响、风险及收益水平等因素，对各项目的可行性和实操性进行分析论证，为公司高层决策提供依据及合理化建议。

第五，定期跟进和掌握公司的财务状况，密切关注业绩完成情况。获取公司月度财务报表，跟踪公司的资金流转、应收账款回收、财务管理情况等，通过分析利润率、周转率、负债率等指标以及变动趋势，对公司经营状况和风险水平进行监控和预警，一旦公司经营业绩下滑或出现较大波动，则深入了解原因并督促公司采取必要的措施，确保年度业绩目标的顺利达成。

（二）退出

铂亚公司最初是以冲刺 IPO 为目标，随后在资本运作计划和方向上进行了若干调整，主要由于宏观经济环境及政策的变化，同时结合公司自身的实际情况考虑，具体而言：首先，从 2012 年开始新股发行暂停导致“堰塞湖”，铂亚公司 IPO 需要经历漫长的排队时间，而且过程中存在较大不确定性，创投机构从风险控制的角度首选并购退出方式；其次，随着股转公司的成立，新三板的政策地位和影响力不断提升，通过先挂牌再择机上市或并购是一个稳妥的方案；再次，由于铂亚公司自身业务的特殊性，部分项目周期超过一年，经营业绩月度波动较大，应收账款余额过大不仅会侵蚀公司的盈利，而且导致经营性净现金流为负；最后，上市公司出于市值管理的要求，掀起了产业并购的热潮，而证监会对于重组并购的监管相对宽松，是一个高度市场化的交易而且创投机构也能获得理想的退出收益。

第七章

广东省创业投资发展与浙江、江苏、北京的比较

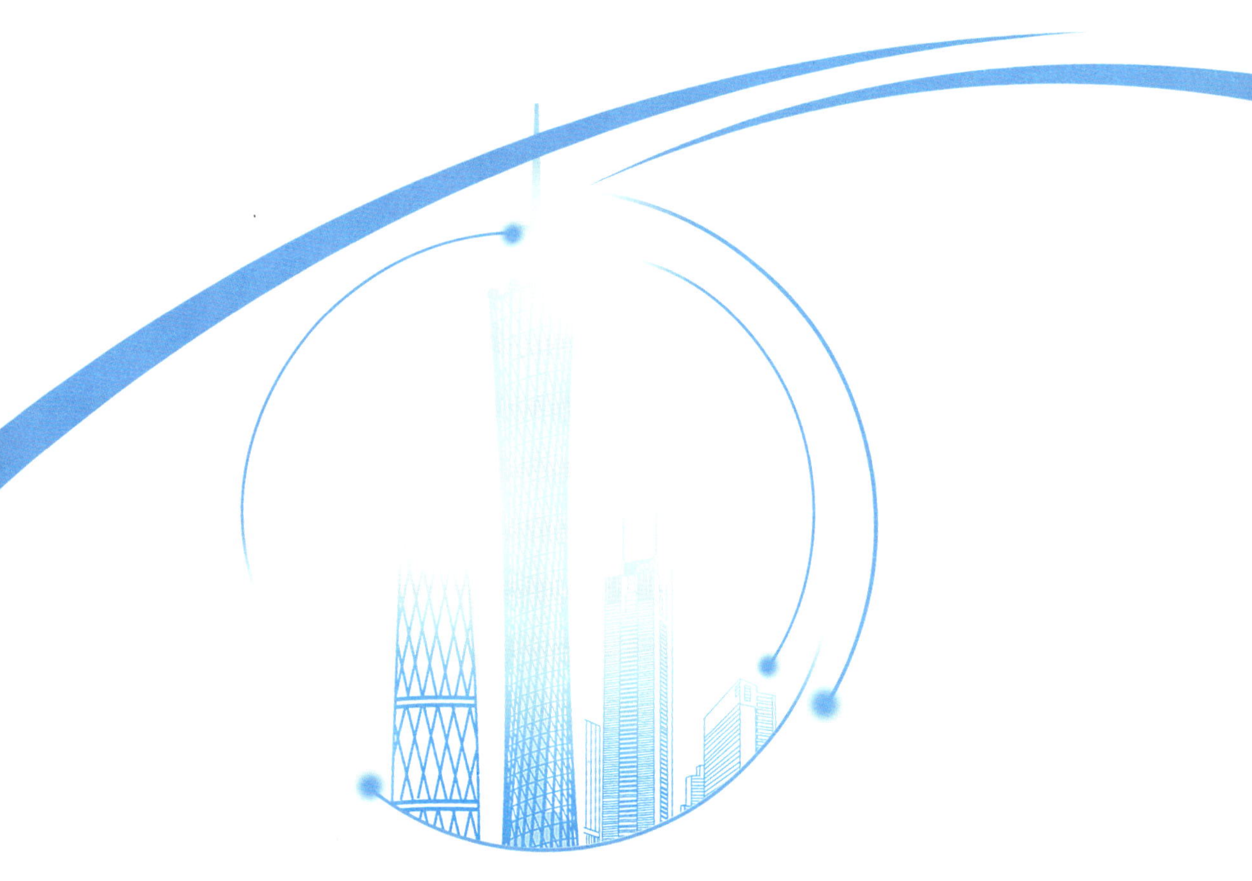

广东作为一个经济大省，在开放水平、经济总量及增速等方面都处于全国范围内的领先水平。本章选取浙江、江苏、北京作为比较对象，是考虑到这四个地区处于相似发展水平。以这四个地区为例，对这些区域的创业投资进行横向比较，从而窥探出广东省在国内创业投资领域的发展水平及地位，具有较大的现实意义。以下从创业投资环境、创业投资规模这两个方面对四个地区进行比较分析。

第一节　创业投资环境比较

一、经济环境比较[①]

（一）国民经济生产总值（GDP）

2015 年，我国国内生产总值（GDP）为 67.67 万亿元，按可比价格计算，比上年增长 6.9%。广东、浙江、江苏、北京四个地区，从 GDP 总量上来看，整体都处在全国前列。广东省为 7.28 万亿元，延续自 1989 年来连续 27 年的第一位置，江苏省则以 7.01 万亿元紧随其后。广东、江苏也是全国范围内仅有的 GDP 总量超过 7 万亿元的两个省份。浙江省则以 4.29 万亿元排在全国第 4 位，北京市名列第 13 位，GDP 总量为 2.3 万亿元（见图 7－1）。

在 GDP 增速上，2015 年全国 31 个省区中共有 23 地超过 7%。北京 GDP 增速为 6.9%，相比 2014 年下降了 0.4 个百分点；广东与浙江 GDP 增速同为 8%，相比于上年都有所上升；江苏是四地之中最高的，为 8.5%，但同比去年下降了 0.2 个百分点（见表 7－1、图 7－2）。

① 本小节数据均来源于：广东省、浙江省、江苏省、北京市统计年鉴。

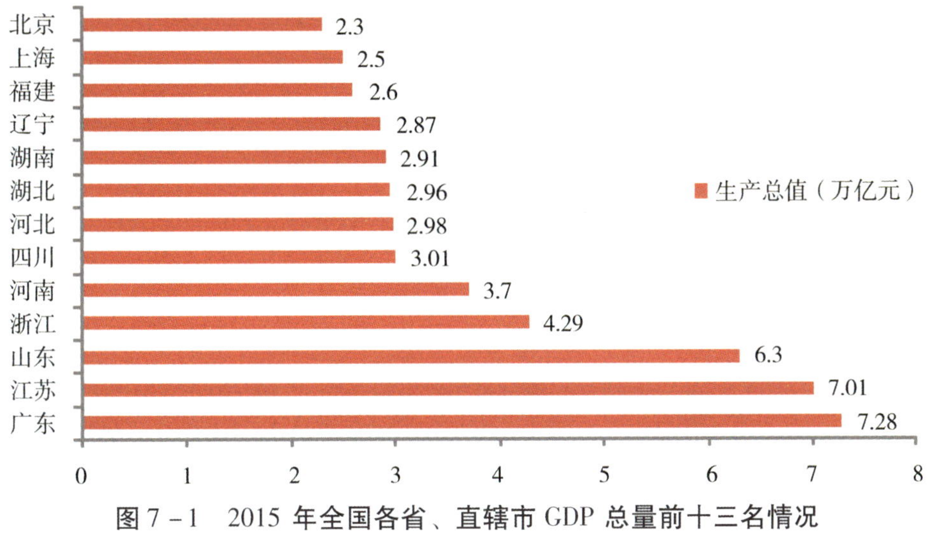

图 7－1　2015 年全国各省、直辖市 GDP 总量前十三名情况

表 7－1　2010—2015 年四地 GDP 增速情况

单位：%

	2010 年	2011 年	2012 年	2013 年	2014 年	2015 年
北京	10. 2	8. 1	7. 7	7. 7	7. 3	6. 9
广东	12. 4	10	8. 2	8. 5	7. 8	8
浙江	11. 9	9	8	8. 2	7. 6	8
江苏	12. 6	11	10. 13	9. 6	8. 7	8. 5

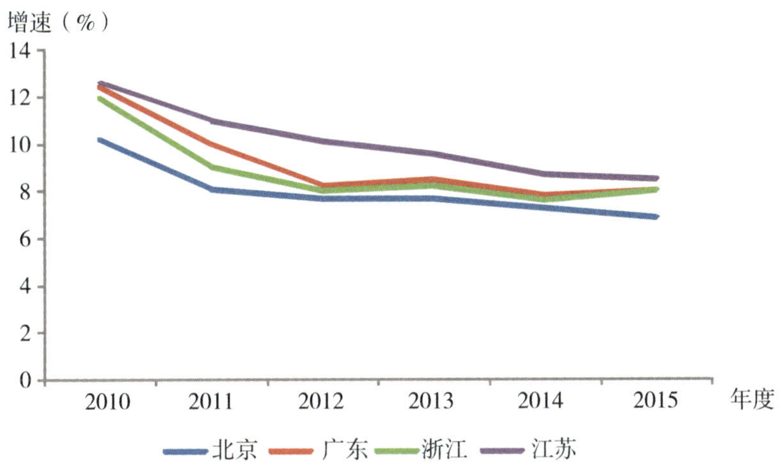

图 7－2　四个地区 2010—2015 年 GDP 增速趋势比较

考虑三次产业在 GDP 中的占比情况。在四个地区三次产业结构中，第一、二产业所占比重均有所下降，给第三产业发展留出了足够空间。北京市三次产业结构从 2014 年的 0. 7∶21. 4∶77. 9 调整为 0. 61∶19. 71∶79. 68；浙江省由 4. 4 ∶47. 7∶47. 9 调整为 4. 3∶45. 9∶49. 8 ；广东省结构比例由 4. 7∶46. 3∶49. 0 调整为 4. 6∶44. 6∶50. 8；江苏省从5. 6∶47. 4∶47. 0 调整为 5. 7∶45. 7∶48. 6（见图 7 – 3 至图 7 – 6）。

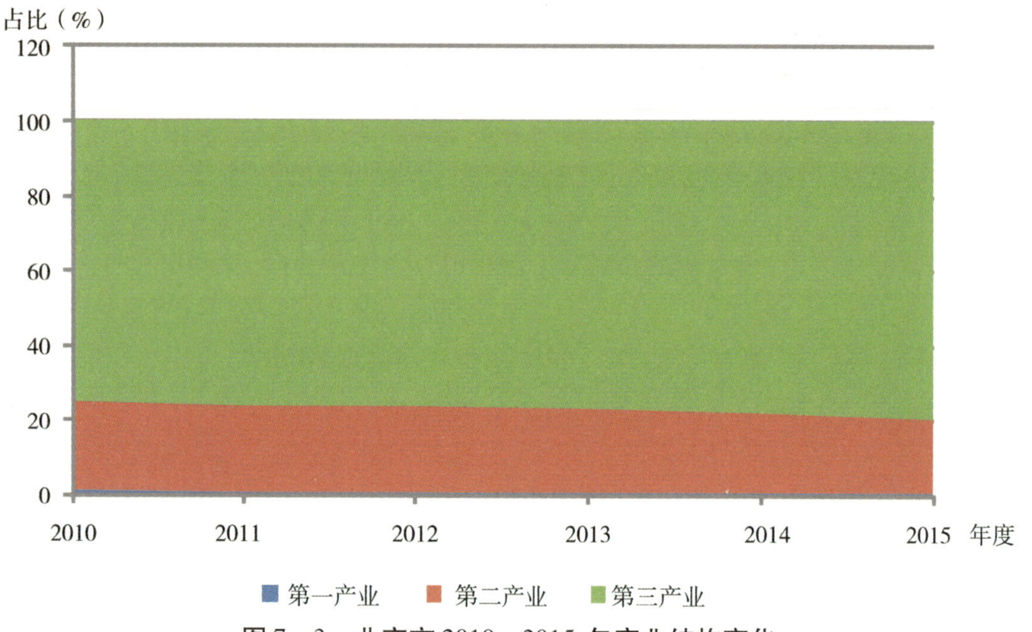

图 7 – 3　北京市 2010—2015 年产业结构变化

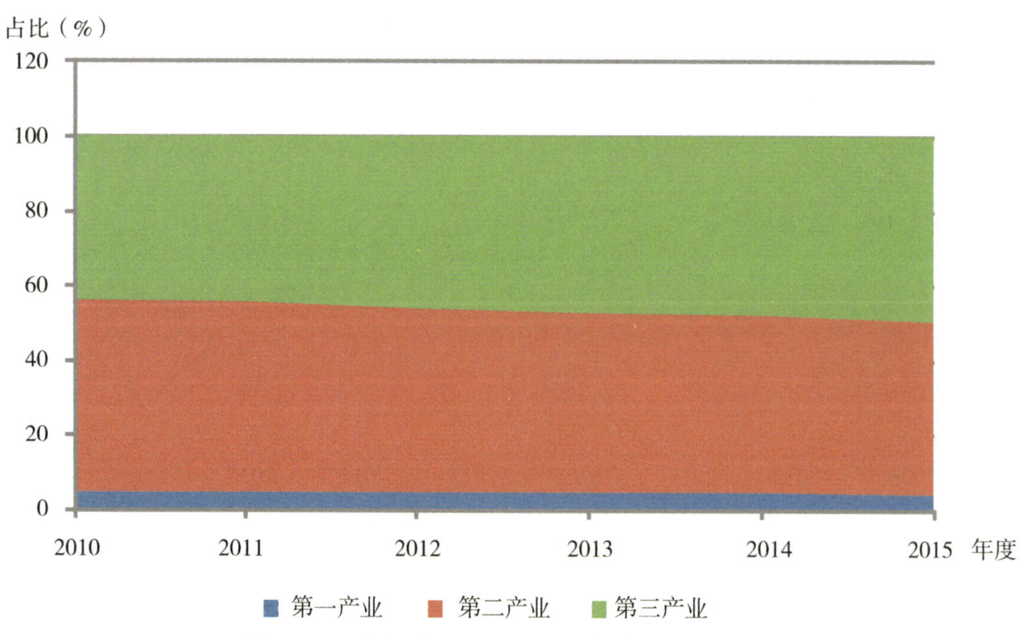

图 7 – 4　浙江省 2010—2015 年产业结构变化

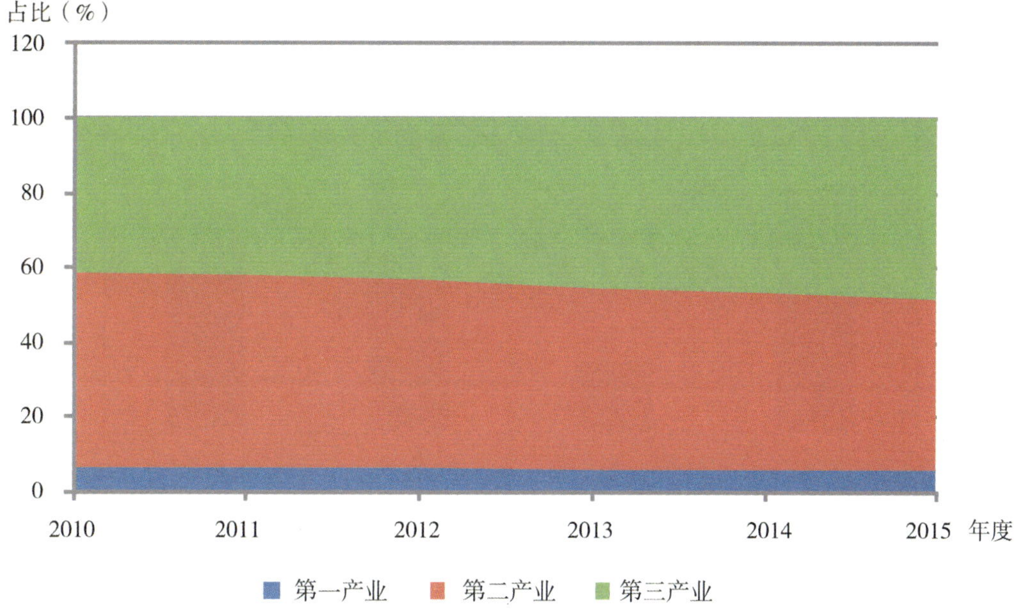

图 7－5　江苏省 2010—2015 年产业结构变化

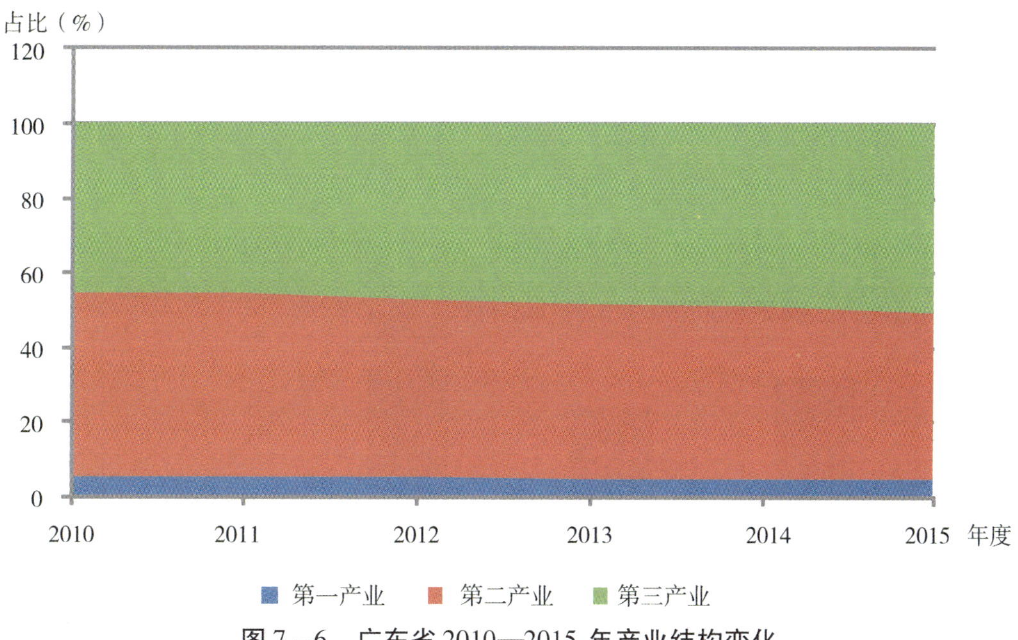

图 7－6　广东省 2010—2015 年产业结构变化

（二）固定资产投资

2014 年，广东省固定资产投资总额为 2.60 万亿元，浙江省为 2.36 万亿元，江苏省为 4.16 万亿元，北京市为 0.76 万亿元。相较于 2013 年，广东省固定资产投资总额增加了 11.9%，浙江省为 14.3%，江苏省为 13.4%，北京市为 7.0%（见图 7－7）。

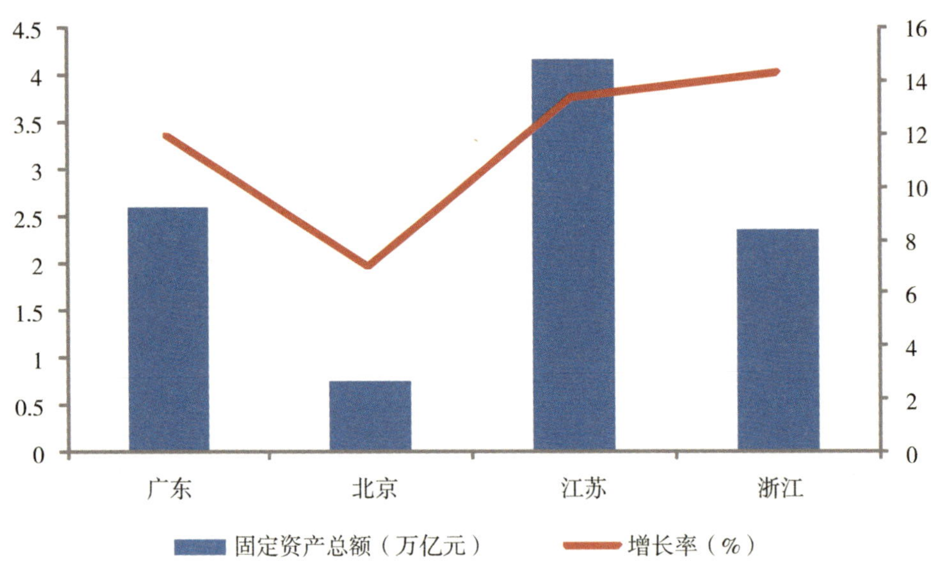

图 7－7　2014 年四个地区固定资产总额及增长率比较

其中对第三产业的投资分别为，广东省 1.72 万亿元，比上年增长 12.6%；浙江省为 1.54 万亿元，比上年增长 15.8%；江苏省为 2.11 万亿元，比上年增长 17.5%；北京市为 0.67 万亿元，比上年增长了 8.7%（见图 7－8）。其中对金融业的投资，广东省为 96.23 亿元，浙江省为 94.84 亿元，江苏省为 173.25 亿元，北京市为 54.54 亿元。

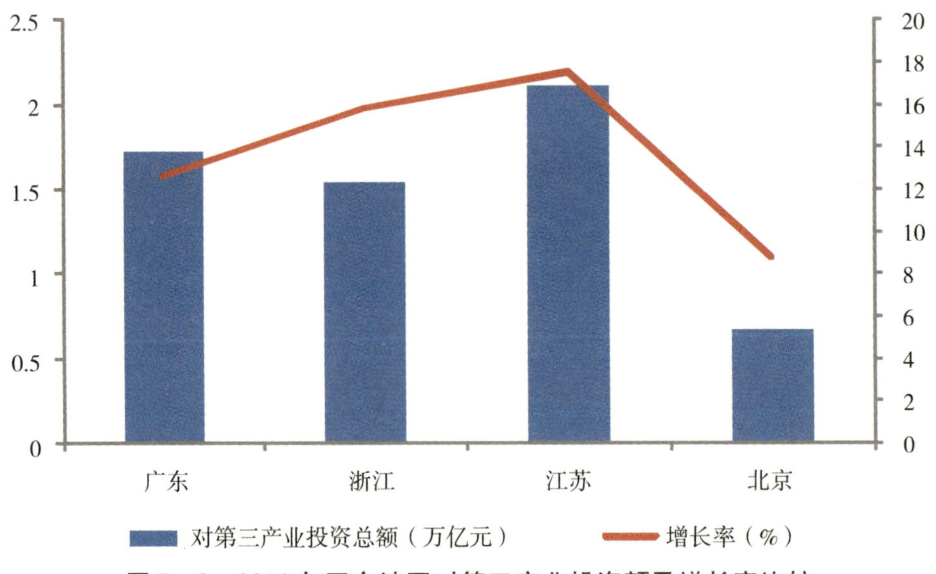

图 7－8　2014 年四个地区对第三产业投资额及增长率比较

表 7-2 2014 年四个地区固定资产投资的资金来源

单位：亿元

	国家预算资金	国内贷款	利用外资	自筹和其他资金
广东	1 418. 73	4 350. 88	405. 01	23 963. 98
浙江	1 407. 59	3 615. 22	214. 59	20 738. 04
江苏	627. 26	5 360. 60	1 152. 05	39 557. 73
北京	161. 70	2 841. 00	33. 30	7 172. 70

（三）财政收入与支出

2014 年广东省地区总财政收入为 8 065. 08 亿元，比上年增长 12. 2%；浙江省为 7 521. 70亿元，比上年增长 8. 2%；江苏省为 18 201. 33 亿元，比上年增长 4. 8%；北京市为 7 214. 54 亿元，比上年增长 22. 8%（见图 7-9）。

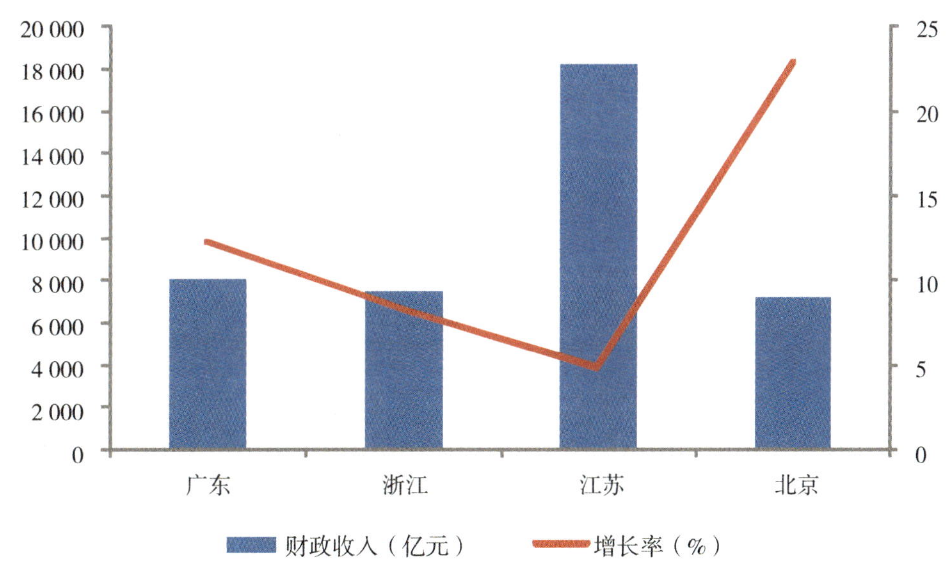

图 7-9 2014 年四个地区财政收入与增长率比较

财政支出方面，广东省为9 152. 64 亿元，比上年增长了8. 1%；浙江省为5 159. 57 亿元，比上年增长了 8. 3%，江苏省为 8 472. 45 亿元，比上年增长 8. 0%；北京市为 7 147. 75 亿元，比上年增长了 15. 5%（见图 7-10）。

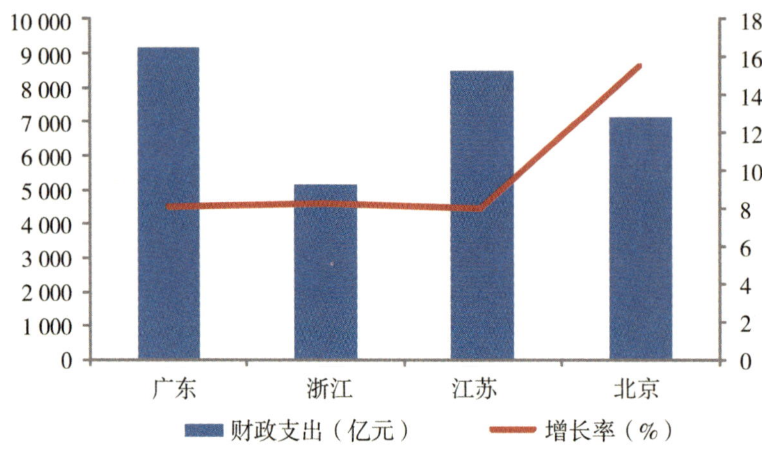

图 7－10　2014 年四个地区财政支出与增长率的比较

在财政支出中，四个地区对于教育、科技的支出有增有减。北京市 2014 年财政支出中，对教育的支出为 742.05 亿元，占总财政支出的 10.4%，较之 2013 年，增幅为 8.2%；对科学技术的支出为 282.71 亿元，占总支出的 4.0%，增幅为 17.0%。江苏省对教育的支出为 1 504.86 亿元，占总支出的 17.8%，增幅为 4.6%；对科学技术的支出为 327.10 亿元，占总支出的 3.9%，增幅达 7.5%。广东省内对教育的支出为 1 808.97 亿元，占总支出的 19.8%，增幅达 3.6%；对科学技术的支出为 274.33 亿元，占总支出的 3.0%，增幅为 －25.7%。浙江省内对教育的支出为 1 030.99 亿元，占总支出的 20.0%，增幅达 7.8%；对科学技术的支出为 207.99 亿元，占总支出的 4.0%，增幅为 7.8%（见图 7－11、图 7－12）。

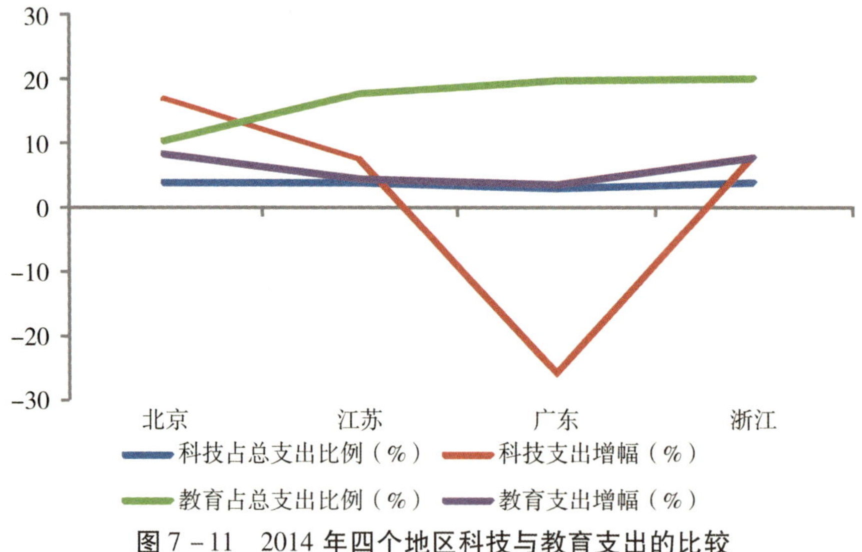

图 7－11　2014 年四个地区科技与教育支出的比较

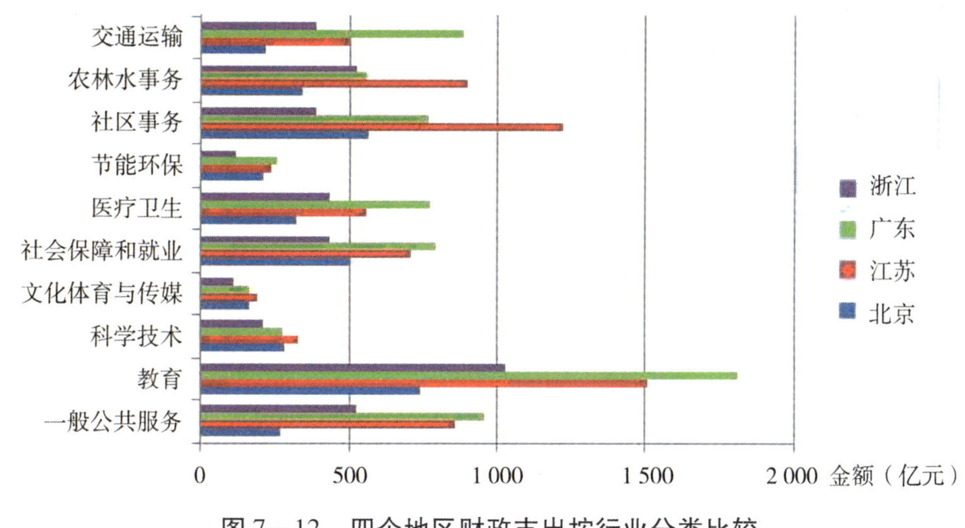

图 7－12　四个地区财政支出按行业分类比较

总体来看，2014 年，我国总体宏观经济形势严峻。广东、江苏、浙江、北京四个地区经济增长都有所放缓。但四个地区的生产总值、固定资产投资增加等都为创业投资的资金来源提供了坚实基础。第三产业的迅速发展，除财政支出中对教育与科学技术支出的比重持续增加，也给创业投资带来丰富且具有发展潜力的项目，并提高了创业项目成功的可能性。

二、科技环境比较

（一）规模以上工业企业有 R&D 活动的企业数

2014 年，江苏省规模以上工业企业有 R&D 活动的企业数显著高于其他三个地区，为 17 788 家，占整个地区工业企业的比重达 36.5%；北京市虽绝对数量不多，为 1 140 家，但占其工业企业比重为 30.9%；广东省为 2 908 家，相较之偏低，占比 7.07%；浙江省为 9 049 家，占比 22.16%（见图 7－13）。

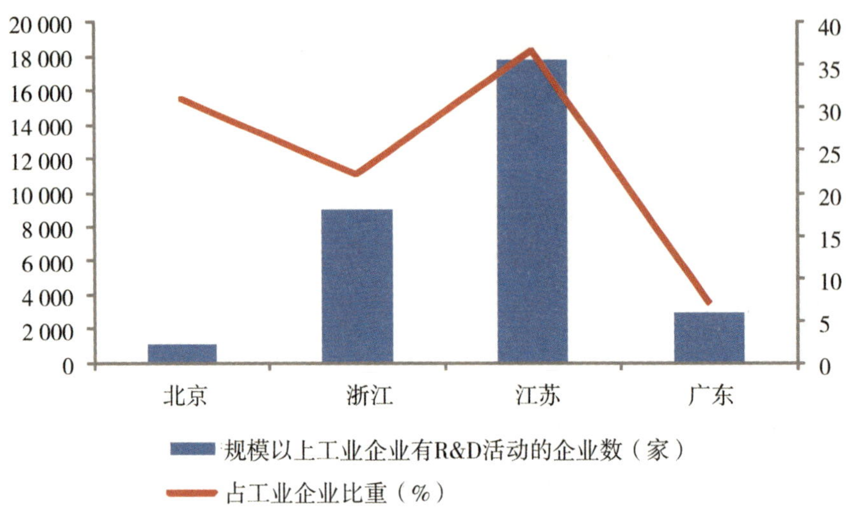

图7－13　2014年四地区规模以上工业企业有R&D活动的企业数及占比

（二）R&D人员数量[①]

在区域内R&D人员数量上，广东省、江苏省都在50万人左右，分别为51.1万人及49.99万人。在增长率上，江苏省以7.2%高于广东省的1.76%；浙江省为33.23万人，增长率为6.4%；北京市为24.53万人，增长率为1.3%（见图7－14）。

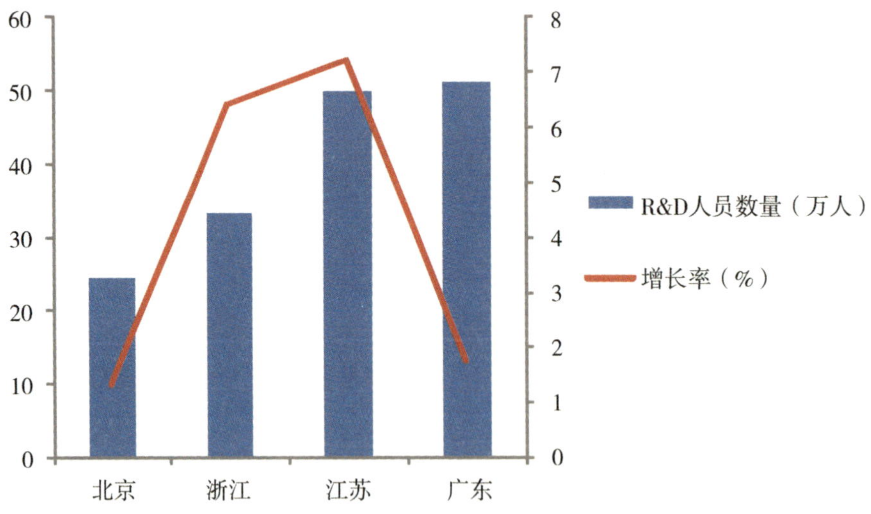

图7－14　2014年四个地区R&D人员数量及增长率

① 即R&D人员折合全时当量。

（三）R&D 经费内部支出情况

广东省、江苏省、北京市在研究与发展经费内部支出上都超过了千亿元。广东省为1 605. 45 亿元，增长率为10. 1%；江苏省为1 630. 00 亿元，增长率为11. 0%；北京市为1 268. 80 亿元，增长率为6. 6%；浙江省虽未跨越千亿大关，但也高达907. 85 亿元，较上年增长率为10. 0%。在 R&D 经费支出占本地区生产总值比例上，北京市最高，为5. 95%。其他三个地区较为接近，广东省为2. 37%，浙江省为2. 26%，江苏省为2. 50%（见图7 - 15、图7 - 16）。

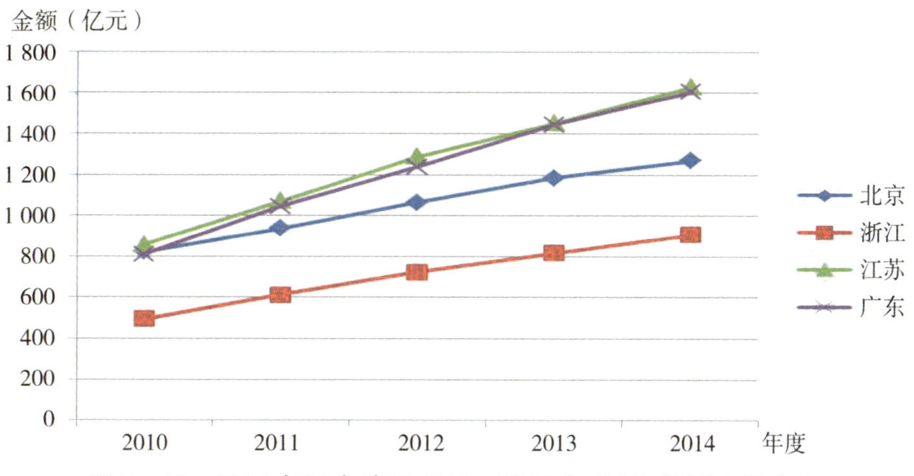

图7 - 15　2014 年四个地区 2010—2014 年 R&D 经费支出变化

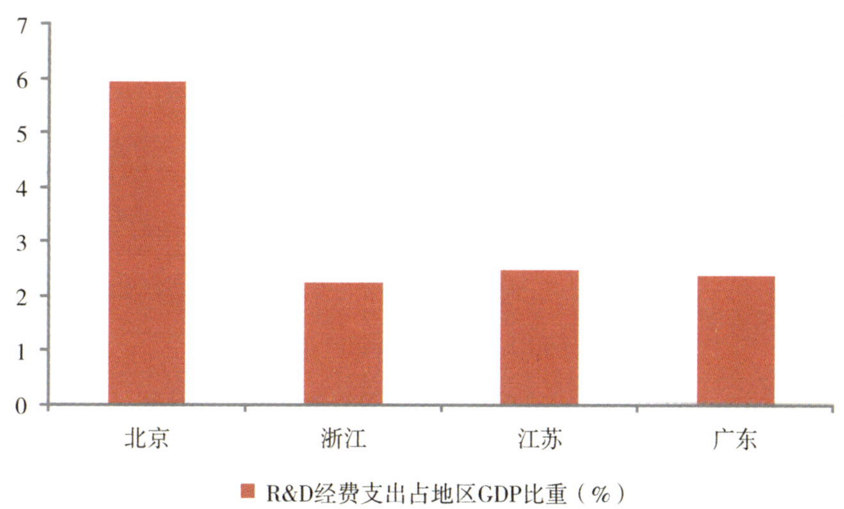

图7 - 16　2014 年四个地区 R&D 经费支出占地区 GDP 比重比较

（四）三种专利情况①

在专利申请与授权方面，四个地区存在不同的发展趋势。广东省及北京市都以正的增长率增加，浙江省、江苏却呈现负的增长率。广东省内申请受理量为278 351件，比上年增加了14 086件，增长率为5.1%；浙江省为261 434件，比上年减少了32 508件，增长率为-12.5%；江苏省为421 907件，比上年减少了82 593件，增长率为-19.6%；北京市为138 111件，比上年增加了14 775件，增长率为10.7%。广东省专利授权量为179 953件，增长率为5.3%；浙江省为188 544件，增长率为-7.3%；江苏省为200 032件，增长率为-19.8%。北京市为74 661件，增长率为16.1%（见图7-17、图7-18）。

一个区域良好的科技环境，将促进社会形成浓厚的创业氛围，带动创业企业的发展，而创业企业的涌现会推动创业投资行业前进。通过对高新科技的投入，使科技成果得以转化，这正是创业投资项目的源泉。四个地区在科研活动上相对于全国其他地区来说，都更为活跃，这也是它们能在创业投资行业处于全国领先水平的重要原因之一。

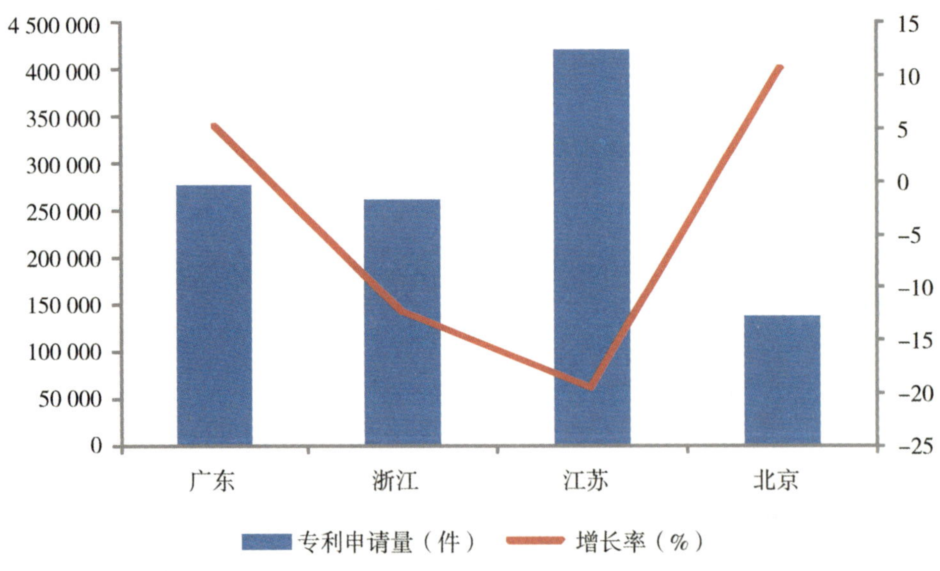

图7-17　2014年四个地区专利申请量及增长率

① 三种专利：发明专利、实用新型专利、外观设计专利。

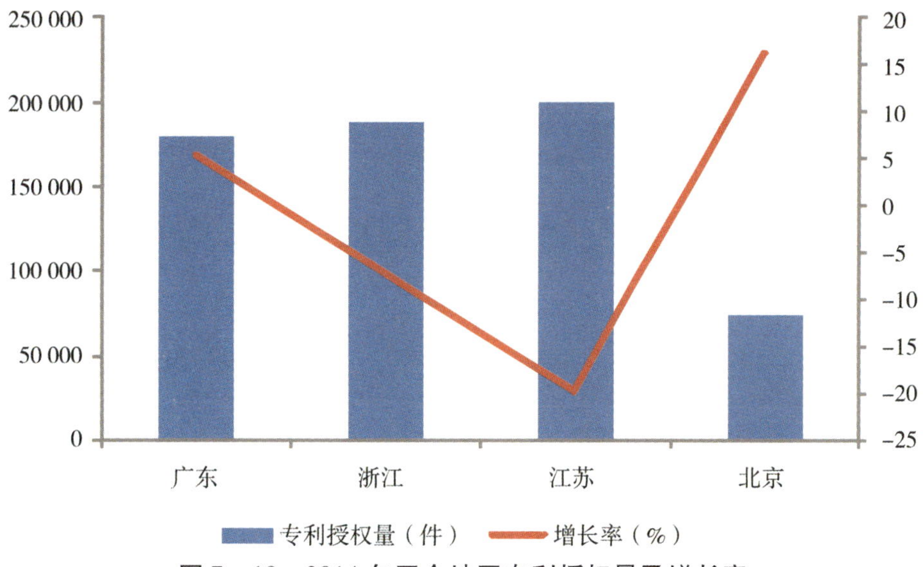

图 7－18　2014 年四个地区专利授权量及增长率

三、人才环境比较

（一）普通高等学校数量

四个地区中，有三个地区高校数量都超过了 100 所，广东省在总量上排第一位。2014 年，四个地区在数量上总体都没有较大变化。江苏省内普通高等学校数量为 134 所，较 2013 年增加了 3 所；广东省为 141 所，增加了 3 所；浙江省为 108 所，增加了 2 所；北京市为 89 所，较之上年持平（见图 7－19）。

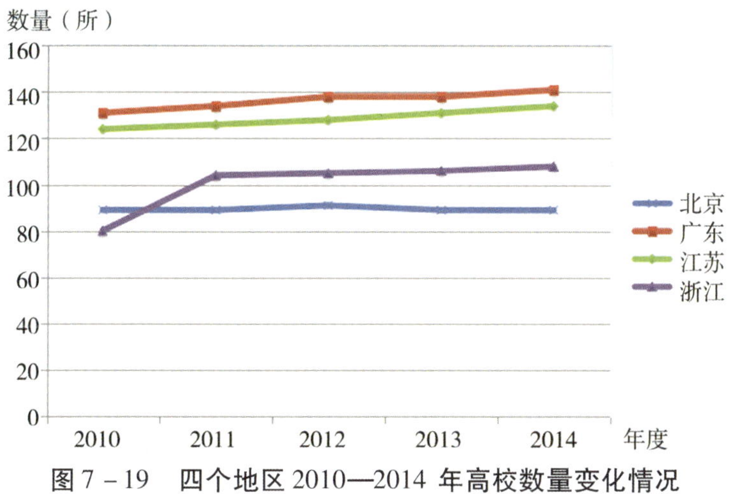

图 7－19　四个地区 2010—2014 年高校数量变化情况

（二）普通高等学校在校学生情况

在普通高等学校学生人数上，分别从本专科及研究生来考察。广东省及江苏省内本专科人数都已过百万，分别为179.4万人、169.9万人；浙江为97.8万人，接近100万。北京相对较少，为59.5万人，但北京市研究生人数27.4万，为四个地区中榜首；江苏省则发展比较均衡，研究生人数也超过10万，为15.07万；广东省及浙江省分别为8.7万人、6.1万人（见图7－20）。

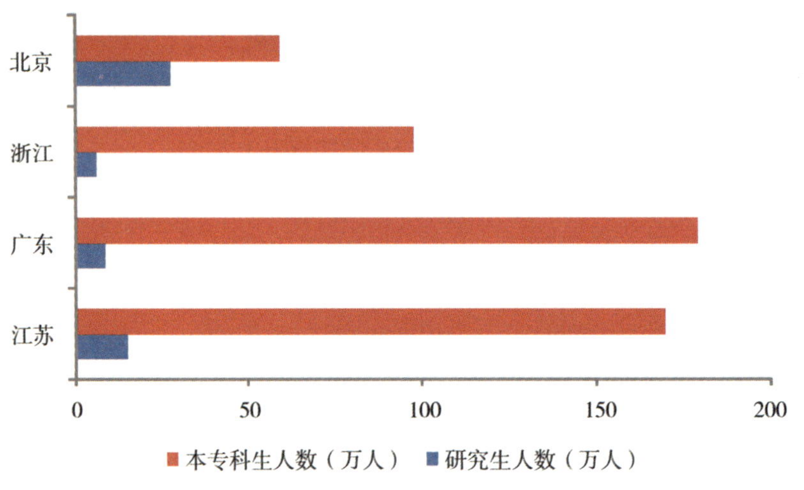

图7－20　2014年四个地区研究生及本专科生人数比较

四个地区都属于教育强省，在教育质量及环境上都相对优越。四个地区中北京虽然在高校数量上最少，但是区域内囊括了北京大学、清华大学等顶尖学府。同时，在校学生中，北京总量虽不如其他三个地区，但是研究生人数最多，这也从另一角度可以看出北京在高等人才的培养上是四个地区中最具力度的。

四、政策环境比较

（一）税收优惠政策

税收减免是政府直接支持创业投资发展的主要措施。相关数据显示，2014年，全国近22.9%的创业投资机构享受到所得税减免政策优惠。通过对风险投资机构的问卷调查发现，在创业投资机构希望的政府激励政策中，排名最高的一项是税收减免，占到了25.5%的比例。税收对创业投资的重要程度可见一斑。

四个地区政府的税收政策主要是集中在企业所得税及个人所得税等方面。以下选取四个地区内比较有代表性的主要税收优惠政策进行比较（见表7-3）。

表7-3　四个地区税收优惠政策比较

地区	税收优惠政策
广东省[①]	企业所得税： 股权投资基金、股权投资基金管理企业采取股权投资方式投资于未上市中小高新技术企业2年以上（含2年），凡符合《国家税务总局关于实施创业投资企业所得税优惠问题的通知》（国税发〔2009〕87号）规定条件的，可按其对中小高新技术企业投资额的70%抵扣企业的应纳税所得额。 私募股权投资基金、私募股权投资基金管理企业、私募证券投资基金管理企业，自获利年度起，前两年按照企业（合伙人）缴纳所得税区级留成部分100%的标准给予经营经费扶持；从第三年开始至第五年则为50%。 个人所得税： 管理企业高级管理人才和骨干人员，在南海区连续工作满一年以上，且在南海区依法缴纳个人所得税的，前两年内按其上一年度缴纳个人所得税区级留成部分的100%给予奖励，后三年为50%。 合伙制股权投资基金和股权投资基金管理企业，执行有限合伙企业合伙事务的自然人普通合伙人，按照“个体工商户的生产经营所得”项目，适用5%~35%的五级超额累进税率计征个人所得税。不执行有限合伙企业合伙事务的自然人有限合伙人，其从有限合伙企业取得的股权投资收益，按照“利息、股息、红利所得”项目，按20%的比例税率计征个人所得税。 营业税： 合伙制股权投资基金的普通合伙人，以无形资产、不动产投资入股，参与接受投资方利润分配，共同承担投资风险的行为，不征收营业税；股权转让不征收营业税。
浙江省[②]	企业所得税： 股权投资管理企业因收回、转让或清算处置其所投资股权而发生的权益性投资损失，可以按税法规定在税前扣除。 符合居民企业条件的股权投资管理企业直接投资于其他居民企业取得的股息、红利等权益性投资收益，符合条件的可作为免税收入，免征企业所得税。

① 政策来源：《佛山市南海区促进私募基金发展扶持办法》《深圳市关于促进股权投资基金业发展的若干规定》。
② 政策来源：杭州市《促进我市股权投资业发展实施办法的通知》。

（续上表）

地区	税收优惠政策
浙江省	个人所得税： 执行有限合伙企业合伙事务的自然人普通合伙人，按照《中华人民共和国个人所得税法》及其实施条例的规定，按“个体工商户的生产经营所得”应税项目，适用5%～35%的五级超额累进税率，在合伙企业注册地地税局计算征收个人所得税。不执行有限合伙企业合伙事务的自然人有限合伙人，其从有限合伙企业取得的股权投资收益，按杭金融办〔2008〕38号的规定计算缴纳个人所得税。 营业税： 合伙制企业的普通合伙人，符合下列条件之一的，不征收营业税：①以无形资产、不动产投资入股，参与接受投资方利润分配，共同承担投资风险；②对所投资项目进行股权转让。 其他税收优惠： 股权投资管理企业缴纳房产税、城镇土地使用税、水利建设专项资金确有困难的，报经地税部门批准后，可酌情给予减免。 新引进的省外股权投资管理企业，其受托管理资金超过10亿元（含）且资金所属股权投资企业纳税地在杭州市的，自设立起3年内，报经地税部门批准后，可免征房产税、水利建设专项资金。
江苏省[①]	企业所得税： 法人合伙人按照财税〔2012〕67号文件第二条规定计算其投资额的70%抵扣从该创业投资企业分得的应纳税所得额。如果法人合伙人在苏州工业园区内投资于多个符合条件的创业投资企业，可合并计算其可抵扣的投资额和分得的应纳税所得额。当年不足抵扣的，可结转以后纳税年度继续抵扣；当年抵扣后有结余的，应按照企业所得税法的规定计算缴纳企业所得税。 个人所得税： 有限合伙人中的自然人分得的所得，可确定为股息、红利所得，依20%的适用税率；对其普通合伙人中的自然人分得的所得，可确定为生产经营所得，依5%～35%的适用税率。

① 政策来源：《苏州工业园区关于加速金融产业创新发展的若干意见》《国家税务总局苏州工业园区有限合伙制创业投资企业合伙人企业所得税试点政策的通告》。

（续上表）

地区	税收优惠政策
北京市①	企业所得税： 对企业在合伙制股权基金中企业法人合伙人从被投资企业获得的股息、红利等投资性收益不征收企业所得税。 基金管理企业，或者发起设立的基金累计实收资本在 5 亿元以上的公司制股权投资管理企业，自其获利年度起，由所在区县政府前 2 年按其所缴企业所得税区县实得部分全额奖励，后 3 年减半奖励。 对在北京注册、具有独立法人资格的风险投资机构在北京市认定的高新技术成果转化项目投资超过当年投资总额 70% 的，该风险投资机构当年仅缴纳所得税地方收入部分的 50%，由北京市财政安排专项资金支持。 北京市注册的风险投资机构，对本市认定的高新技术成果转化项目投资超过当年投资总额 70% 的，其当年仅缴纳所得税地方收入部分的 50%，由财政安排专项资金支持。 个人所得税： 对个人合伙企业合伙制股权基金中的个人合伙人，从合伙人取得的收益均按照“利息、股息、红利所得”或者“财产转让所得”项目征收个人所得税，税率为 20%。 对有限合伙人中的自然人分得的所得，可确定为股息、红利所得，依 20% 的适用税率；对其普通合伙人中的自然人分得的所得，可确定为生产经营所得，依 5% ~35% 的适用税率。 市政府给予股权基金或管理企业有关人员的奖励，依法免征个人所得税。 营业税： 合伙制股权基金的普通合伙人，以无形资产、不动产投资入股，参与接受投资方利润分配，共同承担投资风险，或者进行股权转让的，不征收营业税。 合伙制股权基金的普通合伙人，其行为符合下列条件之一的，不征收营业税：①以无形资产、不动产投资入股，参与接受投资方利润分配、共同承担投资风险；②股权转让。

① 政策来源：《关于促进股权投资基金业发展的意见》《北京市关于进一步促进高新技术产业发展的若干意见》《北京市风险投资机构享有财政专项资金支持确认办法》。

（二）扶持、补贴、奖励政策

政府对于创业投资企业的支持是企业获得资金的直接来源，一个地区政府对该行业重视程度越高，扶持力度越大，那么这个行业在一定程度上将会得到比其他行业更好的发展空间。政府的奖励政策在一定程度上将有效避免优秀创业团队及人才的流失，同时也会降低企业在激烈竞争中所受的风险压力。

四个地区都出台了对创业投资的扶持、补贴、奖励政策，扶持力度大，规模广，覆盖角度全面，形成了省、市、区多级扶持、补贴、奖励政策系统（见表7－4）。

表7－4　四个地区政府扶持、补贴、奖励政策比较

地区	扶持、补贴、奖励政策
广东省[①]	一次性奖励、资助： 对新设立或新迁入的金融机构实现的营业收入形成开发区地方财力，每年给予一定比例的扶持金资助，资助年限为3年。对金融机构的经营团队给予一次性100万元至299万元资助。符合高新技术企业认定条件的金融机构，可申请认定为广州市高新技术企业，可享受高新技术企业相关优惠政策。 以公司制形式设立的股权投资基金，根据其注册资本的规模，给予一次性落户奖励：注册资本达5亿元的，奖励500万元；注册资本达15亿元的，奖励1 000万元；注册资本达30亿元的，奖励1 500万元。 以合伙制形式设立的股权投资基金，根据合伙企业当年实际募集资金的规模，给予合伙企业委托的股权投资基金管理企业一次性落户奖励：募集资金达到10亿元的，奖励500万元；募集资金达到30亿元的，奖励1 000万元；募集资金达到50亿元的，奖励1 500万元。 股权投资基金投资于本市的企业或项目，可根据其对我市经济贡献，按其退出后形成地方财力的30%给予一次性奖励，但单笔奖励最高不超过300万元。 办公住房补贴： 股权投资基金企业、股权投资基金管理企业因业务发展需要新购置本部自用办公用房，按购房房价给予不超过1.5%的一次性补贴，最高补贴金额为500万元，享受补贴的办公用房10年内不得对外租售；新租赁自用办公用房的，连续3年给予租房补贴，每年按房屋租金市场指导价的30%给予补贴，补贴总额不超过100万元。

① 政策来源：《深圳市关于促进风险投资业发展若干规定》《关于促进广州市股权投资市场发展的意见》《广州开发区鼓励发展金融产业办法》。

（续上表）

地区	扶持、补贴、奖励政策
广东省	股权投资基金、股权投资基金管理企业新租赁自用办公用房的，给予连续 3 年的租房补贴，补贴标准为房屋租金市场指导价的 30%，补贴总额不超过 100 万元。 高管、人才奖励： 企业高级管理人员，经市人力资源保障部门认定符合条件的，可享受深圳市关于人才引进、配偶就业、子女就业、医疗保障等方面的相关政策。（《深圳市关于促进股权投资基金业发展的若干规定》）
浙江省①	一次性奖励、资助： 委托型股权投资企业，对在杭企业直接股权投资额达到 2 500 万元的，给予一次性 30 万元的奖励。奖励资金可由股权投资企业与其所托股权投资管理企业按各 50% 的比例分享。 自营型股权投资企业，对在杭企业直接股权投资额达到 2 500 万元的，给予一次性 25 万元的奖励。 股权投资管理企业，受托管理的外地股权投资资金（指杭州行政区划外的股权投资基金，下同）对在杭企业直接股权投资额达到 4 000 万元的，给予一次性 15 万元的奖励。 投资追加奖励： 股权投资企业，自成立起 2 年内对在杭企业直接股权投资额达到其注册资本（出资金额）30%（含）以上的，给予追加奖励：注册资本（出资金额）2 亿元（含）以上，给予 50 万元的奖励；3 亿元（含）以上，给予 100 万元的奖励；5 亿元（含）以上，给予 200 万元的奖励；10 亿元（含）以上，给予 500 万元的奖励。 股权投资管理企业，自设立起 2 年内其受托管理外地股权投资资金对在杭企业投资达到一定额度的，给予追加奖励：投资额达到 8 000 万元（含）以上，给予 25 万元的奖励；1.2 亿元（含）以上，给予 50 万元的奖励；1.6 亿元（含）以上，给予 100 万元的奖励。 办公住房补贴： 股权投资管理企业、自营型股权投资企业新购建的本部自用办公用房（不包括附属和配套用房，下同），以办公用途部分的建筑面积计算，按 1 000 元/平方米的标准，给予一次性补助。

① 政策来源：杭州市《促进我市股权投资业发展实施办法的通知》。

（续上表）

地区	扶持、补贴、奖励政策
浙江省	股权投资管理企业按受托管理股权投资资金规模、自营型股权投资企业按注册资金（出资金额）规模核定办公用房补助面积。其中，规模低于5亿元的，补助面积不超过200平方米；高于5亿元（含）且低于10亿元的，补助面积不超过500平方米；高于10亿元（含）的，补助面积不超过1 000平方米。 高管、人才补贴： 自营型股权投资企业按注册资本（出资金额）规模、股权投资管理企业按受托管理股权投资资金规模，超过10亿元（含）且对在杭企业直接股权投资额达到3亿元（含）以上的，其高管人员可参照杭政函〔2008〕273号第八条规定享受住房补贴。 股权投资管理企业、自营型股权投资企业的高管人员，符合我市人才认定标准的，按规定程序批准后，可享受人才专项用房的相关政策。
江苏省①	一次性奖励、资助： 对经认定的新设立或新迁入园区相关区域的金融机构总部或地区总部给予一次性的开业资金补助。在苏州工业园区相关区域新设立或迁入的银行、保险公司、证券公司、基金管理公司、期货公司、汽车金融公司等金融机构总部，按不高于实收资本1%的金额给予一次性资金补助。对其他在园区相关区域新设立或迁入的金融机构总部按不高于实收资本2%的金额给予一次性资金补助。对在园区相关区域新设立或迁入的金融机构地区总部（业务总部）给予不超过150万元人民币的一次性补助。 在苏州工业园区注册的创业投资企业，可申请50万元的启动资金补贴；在园区设立的创业投资企业分公司或办事处，可申请20万元的启动资金补贴。 在苏州工业园区设立机构的创业投资企业投资于园区高科技企业，根据实际投资额，按5%比例给予专项风险补贴，单笔最高补贴额为50万元。 办公住房补贴： 在购房总金额的10%以内，按每平方米1 000元给予购房补贴和优惠。租赁自用办公用房的，给予三年内租金补贴和优惠，补贴和优惠标准为租金（市场指导价）的30%。 高管、人才奖励： 经认定的高级金融管理人才，经批准，可按本人实际工资额缴交园区公积金。

① 政策来源：《苏州工业园区关于加速金融产业创新发展的若干意见》。

（续上表）

地区	扶持、补贴、奖励政策
江苏省	经认定的金融高层次紧缺人才可享受《苏州工业园区吸引高层次和紧缺人才优惠政策意见》相关优惠政策。对经认定的新设立或新迁入园区相关区域的金融机构总部、地区总部，或注册资本超过人民币1亿元的国内外知名的股权投资基金（机构）及其基金管理公司的金融人才，三年内按企业职工总数的2%～10%，原则上按相当于其个人当年所得部分所形成的园区新增地方财力部分，给予50%～100%的奖励扶持。 投资失败补贴： 在苏州工业园区设立机构的创业投资企业投资园区高科技企业，如果投资项目不成功将给予风险补贴，补贴金额为其投资于园区高科技企业实际投资额的5%，单项最高补贴额为50万元。 天使投资机构在实际完成投资三年内未形成投资损失的，全额返还省天使引导资金和地方配套资金；若发生损失，按照首轮投资实际发生损失额的50%从给予的风险准备金中补偿，其中30%由省天使引导资金承担，20%由地方配套资金承担，补偿损失后剩余资金全部返还。
北京市①	一次性奖励、资助： 在一次性奖励政策方面，基金管理企业，或者发起设立的基金累计实收资本在5亿元以上的公司制股权投资管理企业，参照金融企业，给予一次性补助。其中，注册资本10亿元以上的，补助1 000万元；注册资本5亿元以上的，补助200万元；注册资本1亿元以上，补助200万。 办公住房补贴： 基金管理企业，或者发起设立的基金累计实收资本在5亿元以上的公司制股权投资管理企业，参照金融企业给予租购房补贴。 购买自用办公用房的，一次性补贴标准为每平方米1 000元；租用办公用房的，实行三年租金补贴，即第一年优惠50%，第二年优惠30%，第三年优惠10%。 高管、人才奖励： 连续聘用2年以上的高级管理人员，按其上一年度所缴个人工薪收入所得税地方留成部分80%的标准予以奖励，用于其在背景购买商品房、汽车和参加专业培训，可每年申报一次，奖励总额累计不超过其购房、购车及培训所付款项，且原则上不超过30万元。

① 政策来源：《关于促进首都金融产业发展的意见》。

（三）其他政策比较

广东、浙江、江苏、北京四地目前都在创业投资领域设立了创业投资政府引导基金。创业投资引导基金作为政府设立的、按市场化方式运作的政策性基金，其在引导民间资本、带动社会投资、扶持创业企业发展中起到了有效的引导作用。相较而言，传统的支持方式力度有限，一般只能支持小规模、一次性的投资。而创业投资引导基金则可发挥财政资金的杠杆放大效应，撬动创业投资资本的市场供给，实现政府支持的规模效应，提高财政性资金的使用效率。2015 年初，我国在创业投资领域设立 400 亿元的国家新兴产业创业投资引导基金，带动了千亿的社会资金。2015 年底，中国成立政府引导基金达 780 家，规模逾 2 万亿元。引导基金作为政府推动私募股权投资市场发展的重要工具，已经成为中国股权投资市场不可或缺的投资者。

四个地区在创业投资引导基金政策的建设程度方面有强有弱。北京市在这一方面属于领军者。在清科集团 2015 年发布的榜单当中，北京“中关村创业投资引导基金”获得“2014 年中国政府引导基金 20 强”的第二名，“浙江省创业风险投资引导基金”名列第五。2015 年，北京市累计成立 88 支政府引导基金，居各地区之首，“北京市海淀区创业投资引导基金”“中关村创业投资引导基金”在引导社会资金进入创业投资领域的过程中起到了良好的效果。

相比而言，广东省地区创业投资引导基金发展起步较晚，但发展后劲足。2012 年，广东首支省级创投政府引导基金正式投入运作，这支名为“广东红土基金”的创投政府引导基金由广东省创业投资政府引导基金和深圳市创新投资集团等共同组成，主要投资领域为战略性新兴产业。在这项基金中，政府引导基金仅出资 2 700 万元，却吸引了近 4 亿元跟投，引导基金放大了近 15 倍效力。2015 年广东引导基金数量为 85 支，浙江省紧随其后，为 84 支。

在争取国家的政策支持力度方面，各地的积极性不同。例如广东省地区的广州市，在科技部国家级创业投资引导基金方面，没有一项涵盖广州。在股权交易及融资平台的“新三板”试点首批城市，广州被排除在外。广州在推进创业投资市场基础设施建设方面相对滞后，如担保、信贷、小额贷款、知识产权质押、企业上市融资没有获得有效的政策支持，缺少具有影响力的金融交易平台。在法律法规的建设上广东省略显乏力，例如，仅以规范性文件对创业投资进行规范与要求，并未颁布有关创业投资行业的法律条例来明确创业投资的法律地位，这显然不能为创业投资提供全面、充分的法律保障。

此外，在资金退出政策方面，江苏省做了很好的示范：项目投资成功，在此次投资之后的 5 年内，创业投资企业有权按配套资金投资成本加同期银行贷款利率的价格依出资比例购买配套资金所占股权；项目投资不成功，项目公司将清算，清算所得资金在依法清偿债务后的分配顺序依次为：创业投资企业，配套资金、项目创业团队。将创业投资企业放在资金分配顺序的第一位，由此可见江苏省对于创业投资的重视程度。

第二节　创业投资规模比较[①]

一、创业投资机构数量

2014 年，我国创业投资机构总数为 1 551 家。从地域分布来看，东部沿海地区的一线城市在创投机构上占有比例最大。江苏省四年来一直保持创投机构数量第一，机构数量达 518 家，占全国创投总机构数的 33.4%。浙江省以 232 家排名第二，占全国总数的 15.0%。广东省为 65 家，占比为 4.2%。此三个东部沿海城市创投数量总占比为 52.6%，超过了全国数量的一半。北京市机构数量为 68 家，占比为 4.4%（见图 7－21、图 7－22）。

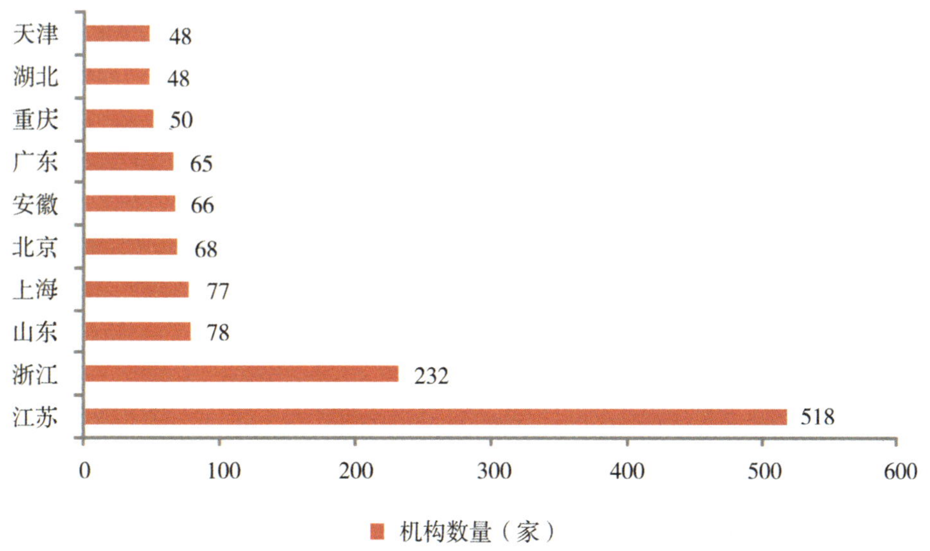

图 7－21　2014 年全国各省、直辖市创投机构数量前十名情况

① 数据来源：中国创业风险投资发展报告（2015）。本小节创业投资机构数为实际存量机构数，主要包括：创业投资企业（基金）、创业投资管理企业及少量从事创业投资业务的事业单位。该数据已剔除不再经营创投业务或注销的机构数。

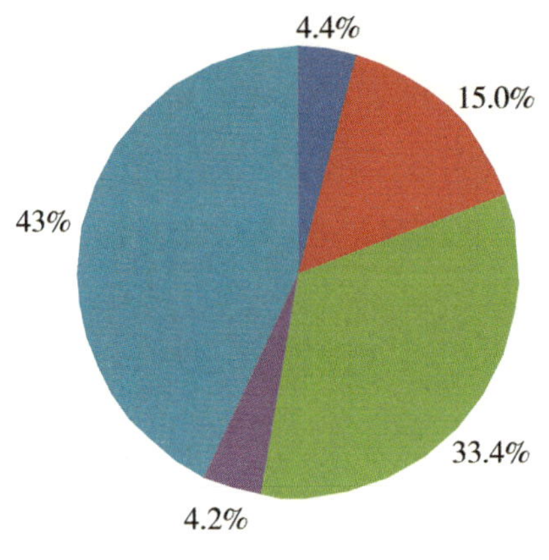

图 7－22　2014 年四个地区创投机构数量占全国总量比例情况

二、创业投资项目数量

2014 年全国风险投资机构共投资 2 438 个项目，较 2013 年增加了近千个。从不同地区来看，江苏、北京、浙江、广东四个地区包揽了全国前 4 位。江苏省排在首位，共投资了 780 个项目，占全国总量的 32. 2%，相对于 2013 年的增幅略有下降。北京市共投资项目 405 个，占比为 16. 6%，较 2013 年的 1. 2%，超过了 10% 的增幅。浙江省、广东省分别以 463 个、244 个紧随其后。（见图 7－23、图 7－24）

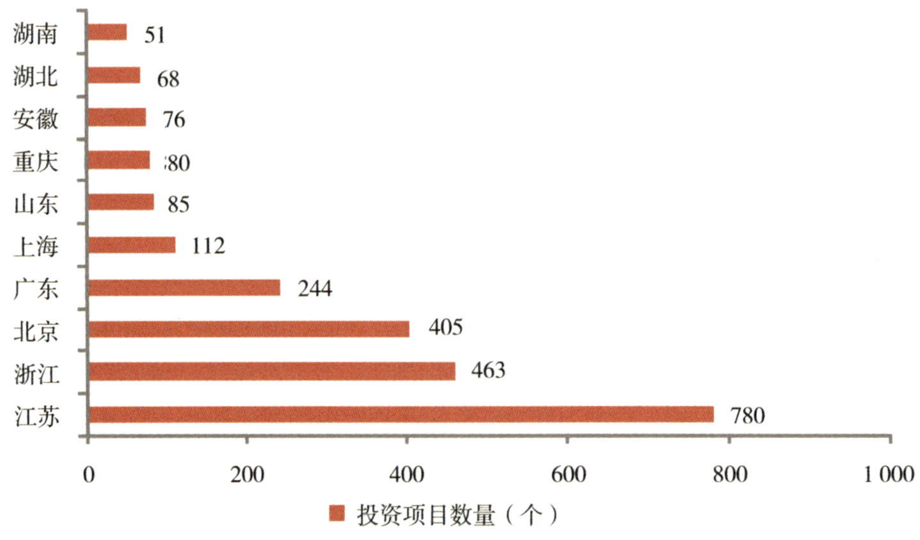

图 7－23　2014 年全国各省、直辖市创投项目数量比较（前十名）

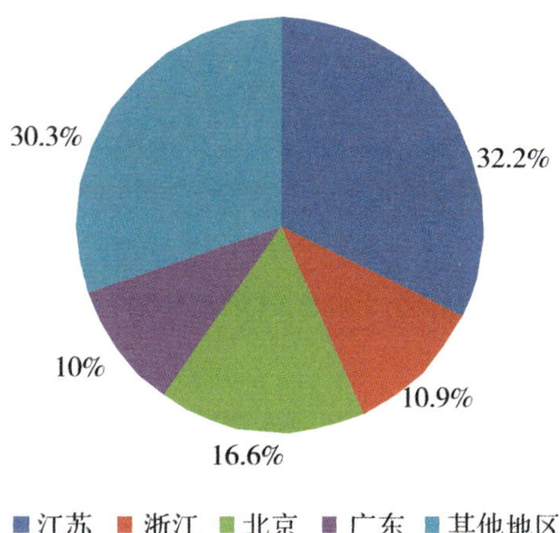

图 7－24　2014 年四个地区创投项目占全国总量比例情况

三、创业投资机构规模

北京市虽在创投机构数量上不占优势，但从机构规模上来看，位列四个地区中的首位。其区域内管理资本在 5 亿元以上的机构数量占其机构总数的 70.31%。广东省创业投资机构规模在 5 亿元以上的也占到了 40%。浙江省以及江苏省的大型规模机构数量较少，5 亿元以上规模的机构占比分别为 9.21% 及 8.68%，但两地在其他规模上机构数量分布较为均匀，2 亿～5 亿元、1 亿～2 亿元、5 000 万～1 亿元、5 000 万元以下等规模机构占比在 20%～30% 之间（见表 7－5、图 7－25）。

表 7－5　2014 年四个地区创投机构规模分布情况

单位：%

	5 000 万元以下	5 000 万～1 亿元	1 亿～2 亿元	2 亿～5 亿元	5 亿元以上
浙江	19.63	20.55	28.77	22.37	8.68
江苏	20.39	20.83	29.39	20.18	9.21
广东	21.82	7.27	18.18	12.73	40
北京	4.69	4.69	9.38	10.94	70.31

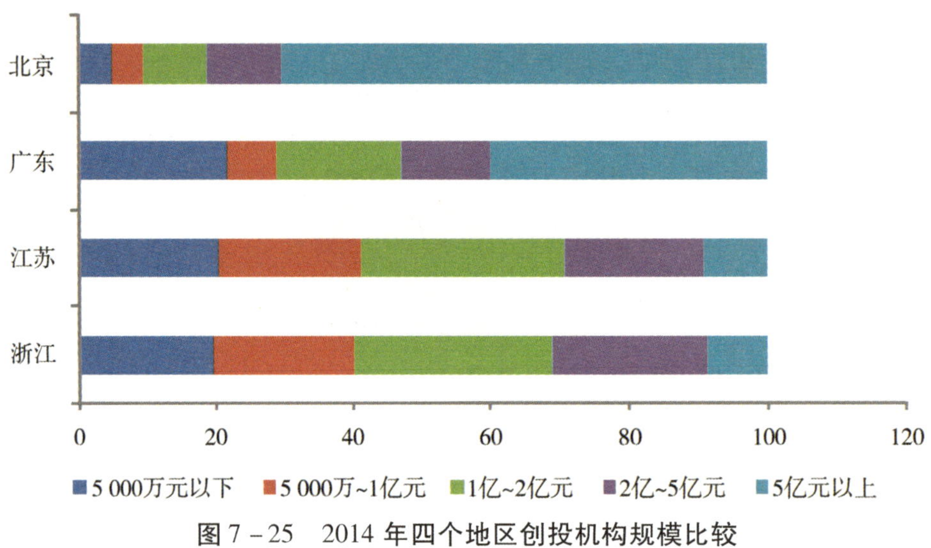

图 7－25　2014 年四个地区创投机构规模比较

四、创业投资机构管理资本规模

从创投机构管理资本上来看，江苏省位于管理资本总量第一位置，资本总量达 1 729.23 亿元，较 2013 年增加了 321.71 亿元，增长率为 23%。广东省虽在四个地区中创投机构数量落后，在管理资本上却不逊色，其以 830.82 亿元排名全国第三。北京市管理资本规模为 1 229.03 亿元，占全国总量的 23.50%。浙江省内创投机构数量较多，资本总量较少，为 294.28 亿元（见图 7－26、图 7－27）。

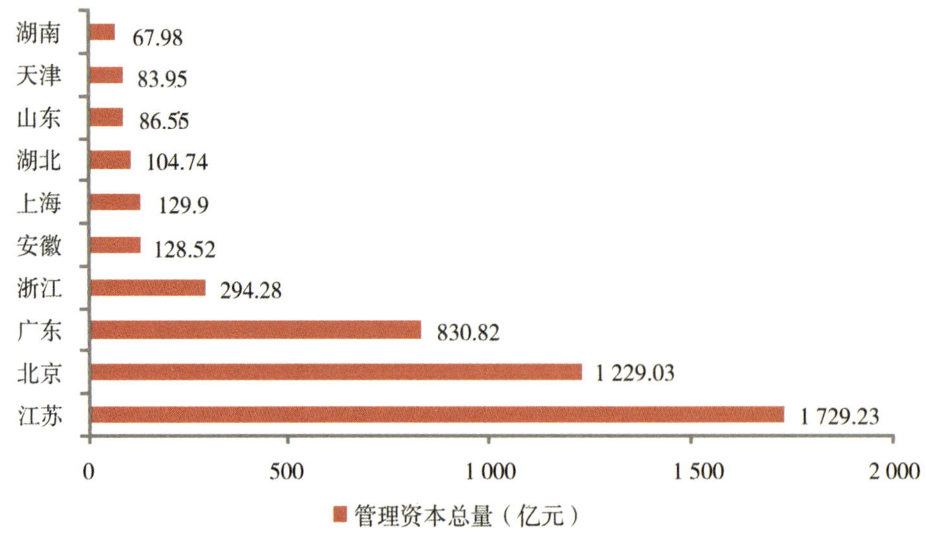

图 7－26　2014 年全国各省、直辖市创投机构管理资本总量前十名情况

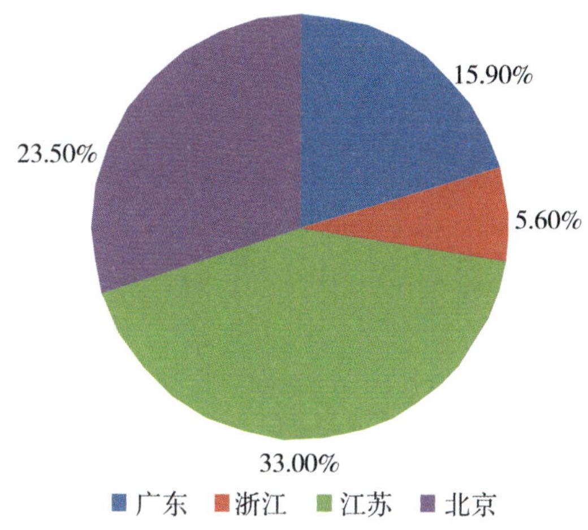

图 7－27　2014 年四个地区创投机构管理资本占全国总量比例情况

五、创业投资机构投资强度

2014 年，北京市对创业投资项目的投资强度上表现突出，以 5 740. 87 万元/项占据首位。江苏省为 1 174. 16 万元/项。浙江省为 1 199. 69 万元/项。广东省超过了 2 000 万，为 2 720. 18 万元/项，名列全国第四。（见图 7－28）

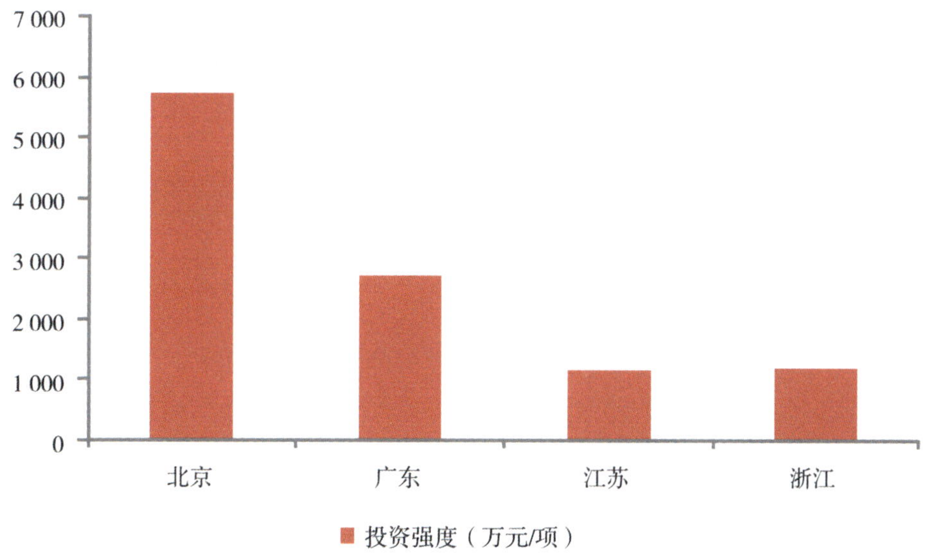

图 7－28　2014 年四个地区投资强度比较

第八章

广东省创业投资发展前景展望

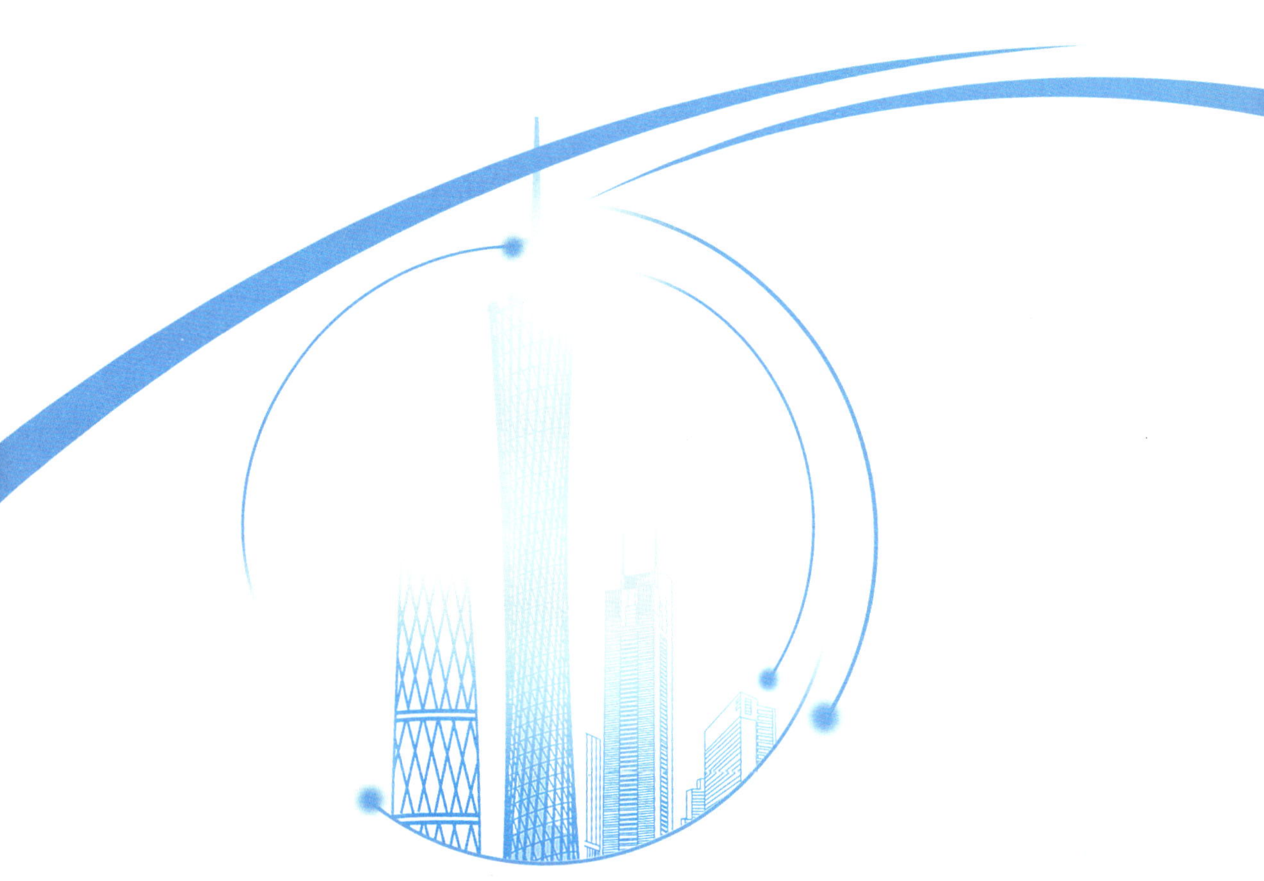

第一节　广东省创业投资发展环境变化

当前国际创业投资市场中，美国属于全球风险投资最为活跃的地区，它一直保持着强势地位，在投资数量和交易额上均占到全球总额度的一半以上。印度、巴西等新兴经济体近年来也逐渐崛起，在全球创业投资版图中占据越来越重要的地位。此外，美联储加息等政策的出台也在一定程度上引起国际资本的流动加速。多重因素导致我国创业投资在国际环境上面临的竞争与日俱增。

国内环境中，受到经济结构、周期性因素的叠加影响，我国经济运行正面临着较大的下行压力。2015 年国内生产总值增速破 7%，以 6.9% 成为 25 年以来的新低。煤炭、钢铁、水泥等产业产能过剩问题凸显，产能利用率进一步下降，去产能、去库存任务任重道远。同时，我国经济已经迈向了“高成本时代”，由于劳务、土地、原材料等成本日益上涨，国内投资大量外流，去向印尼等低成本的地区。这些宏观因素都让我国创业投资市场面临着重大挑战。

面临如此严峻的形势，国家相关部门积极采取行动，在坚持 2012 年以来“稳增长”的工作总基调上，实施了一系列稳增长、调结构、促改革、惠民生、防风险的政策组合来改善总体宏观环境。其中，最为瞩目的是经济结构的优化，2015 年数据显示，第三产业增加值占 GDP 比重为 50.5%，首次占比过半，比第二产业高出了 10 个百分点。同时，民间投资增长，对高污染、高耗能行业的投资下降，反之转向服务业。政府在简政放权、财税金融政策、国企改革、市场开放上大力推进。国企改革将有效提高企业运营效率，为创业投资市场带来更多的投资机会。金融方面，优先股制度安排逐步实施，利率、汇率市场化改革持续推进等都将为创业投资创造更好的资本市场环境。2014 年，国务院发布了《关于进一步促进资本市场健康发展的若干意见》（简称“新国九条”），进一步扩大了资本市场的开放程度，也为资本市场改革、发展营造了良好氛围，为创业投资行业的发展指明了新方向。

广东省自 1998 年来，在“科技兴粤”战略方针的指引下，大力发展高新技术产业，使得广东的科技水平获得明显提高，有效地拉动了创业投资的迅速发展。随着 2009 年创业板在深圳推出，广东省创业投资借此良机，使行业内经历了一次新的繁荣。2015 年，面对全球经济复苏步伐放缓、国内经济下行的局面，广东省在逆境中前进，实现了平稳发展。其全年 GDP 达 7.28 万亿元，GDP 增速逆袭达 8%。其中，第三产业增长 9.2%，对经济增长的贡献率为 54.6%，拉动 GDP 增长 4.3%。金融业增长 17.3%，拉动 GDP 增长 1.1%。广东省作为中国三大中小企业集群区之一，不但具备良好的产业基础，而且拥有浓厚的创业意识。这些优势将成为创业投资在广东迅速发展的有利条件。

展望未来，广东省整体产业结构将持续优化，经济在新常态的引领下保持适度可持续增长。因此，广东省内创业投资行业发展环境将更为宽松、更为灵活。

第二节　广东省创业投资发展趋势特征

一、产业结构更趋优化合理

目前，广东省正处于产业结构转型升级的关键时期，高新技术产业的发展及传统产业的转型这两方面是改革最重要的内容。高新技术产业对专业技术的要求使得新的产业链在市场中形成。同时，技术含量高、经济附加值大的产业取代原来的传统产业，经济发展方式由粗放型转向集约型。创业投资对这两方面具有显著的催化效果。

一方面，高新技术产业的发展需要技术研究与开发的支持，这是一个长期且艰巨的工程，需要一个稳定的、长期的资金供给。对于传统的融资渠道，其所强调的资金安全性及固有的风险规避性特点，无法满足高科技企业对资金的要求。而创业投资正好解决了这种风险与收益并存的行业资金瓶颈，能够带动整个地区产业结构的转型与升级。

另一方面，在对传统行业的改造上，创业投资首先解决的是资本融集问题。在无资金缺口的后顾之忧后，传统企业才能进行新技术革新，提高企业生存率，引发传统产业的技术变革。同时，创业投资属于一种权益性投资①，带去的不仅仅是资金，还有先进的管理理念及组织制度。

近年来，创业投资的迅速发展使得广东省在产业结构调整中取得了阶段性的成果。2013 年，广东省三次产业占比分别为 4. 9∶47. 3∶47. 8，第三产业首次超过了第二产业。2014 年，广东省人民政府办公厅发布《关于推动新一轮技术改造促进产业转型升级的意见》，以技术革命掀起制造业改造浪潮。省内接连涌现出许多实力强劲的创新企业，例如传统家电制造业的美的集团、新兴移动互联网行业腾讯公司等。同时，广东省创新能力已接近发达国家水平，技术自给率提高到 71%，区域创新能力稳居全国第二位，有效发明专利量和 PCT② 国际专利申请量保持全国第一。高新技术制造业、

① 权益性投资是指为获取其他企业的权益或净资产所进行的投资。如对其他企业的普通股股票投资、为获取其他企业股权的联营投资等，均属权益性投资。

② PCT：专利合作条约（Patent Cooperation Treaty），签订于 1970 年，并于 1978 年生效。我国于 1994 年 1 月 1 日加入 PCT，成为 PCT 的正式成员国。

战略性新兴产业发展势头正盛，劳动密集型产业逐渐向技术密集型产业转变。

广东省在“十三五”规划中明确提出：坚持创新发展，推动转型升级，着力构建以创新为主要引领和支撑的经济体系和发展模式。坚持创新驱动发展，以此来优化产业结构是广东省着力打造的发展战略。在有效的政策指导下，未来创业投资将进一步推进区域内创新发展，打造质素较高的产业结构。

二、投资领域层次更加多样

广东是一个制造业大省，以纺织服装、食品饮料、建筑材料、家具制造、家用电器、金属制品、轻工造纸及中成药制造等八个优势行业为主导的传统产业起着重要的承托作用。近年来，广东省在制造业方面所具有的廉价资源、人口成本日渐攀升，优势力量相对削弱，传统制造业面临着重大挑战。2015 年 1—5 月，广东省服装产量同比增长仅 1.2%，纱产量同比下降 4.3%，布产量同比下降 0.07%。作为广东省的支柱产业的传统 IT 行业，经过多年来的发展，几近饱和，产业内竞争激烈，利润率也普遍降低。

2008 年爆发的金融危机致使世界范围内经济出现下滑，世界各国深刻认识到这是世界经济缺乏新动力的结果。因此，战略性新兴产业[①]浮出水面，各国对此进行深度关注，以期优先抢占新一轮经济发展的制高点。我国政府在“十三五”规划中明确提出，要“支持战略性新兴产业发展，发挥产业政策导向和促进竞争功能，更好发挥国家产业投资引导基金作用，加大政策引导力度，培育一批战略性产业”。广东省目前正处于社会经济发展战略转型的关键时期，资源约束趋紧、环境压力增大的现实情况给传统产业发展带来了巨大挑战。面对经济结构与资源环境之间日益突出的矛盾，着眼战略性新兴产业成为最为恰当的方式。

战略性新兴产业本身具有巨大的发展潜力，其对社会发展的贡献是长期、可持续的。节能环保、新能源等新兴产业的发展将有效地解决资源短缺、环境污染等亟待解决的问题。这样一种既具有潜力、同时又受到国家扶持的新兴项目将成为未来创业投资行业中的吸睛点。以健康医疗行业为例，2014 年，全球健康医疗行业创业投资数量 1 044 项，居各行业首位；披露交易额 156 亿美元，居各行业第二。我国医药保健行业创业投资项目数量在 2014 年占整个市场的 5.3%，投资金额占比为 7.4%，同样是居于创业投资行业的前列。[②] 广东省生物制药近年来有了较快的发展。以深圳市为例，

① 战略性新兴产业是以重大技术突破和重大发展需求为基础，对经济社会全局和长远发展具有重大引领带动作用，知识技术密集、物质资源消耗少、成长潜力大、综合效益好的产业。

② 数据来源：《2014 年度全球风险投资与趋势报告》。

深圳市坪山新区建立的“深圳国家生物产业基地”吸引了30余家生物医药企业入驻，总投资逾100亿元。2012年，基地共实现工业总产值40亿元。预计到2020年，基地生物产业工业总产值将突破1 000亿元。2016年，我国首座国家基因库在广东深圳启动并试运行，广东省将成为中国在基因技术、生命信息学专项领域的研发中心。

此外，另一种新业态“互联网+”的出现，也为创业投资带来了源源不断的投资项目。“互联网+”赋予了传统行业“互联网”的翅膀，使得传统行业以新的发展模式呈现。“互联网+餐饮娱乐”成就了团购、外卖网站；“互联网+交通服务”使Uber、滴滴打车改变出行方式；“互联网+金融”缔造了P2P、支付宝等理财投资产品；“互联网+医疗”使得网上挂号、问诊成为可能。2014年，全球互联网金融投资活动达543起，增长率为54%，披露交易额近100亿美元，较上年增长2倍。中国则以118项互联网金融投资活动名列全球第二，披露交易额9.9亿美元。互联网医疗领域同样吸引着投资者的目光，2014年全球投资活动达460起，披露交易额为52.8亿美元。[①] 广东省有着良好的传统产业发展基础，又是互联网大省，电子商务发展长期在全国名列前茅。广东省在经济上的发展地位加上近年来“互联网+产业模式”的盛行将使得未来更多创新型产业模式竞相迸发，这将成为未来创业投资发展炙手可热的新领域。

近年来，我国公共事业逐渐对外界开放，同样为创业投资打通了一个投资渠道。我国政府近年来在公共事业上逐步从立法上加大了对各种资本进入的鼓励，以此打开新的融资渠道，减少政府的负债。2010年，国务院发布《关于鼓励和引导民间投资健康发展的若干意见》中明确表示鼓励和引导民间资本进入包括交通运输建设、水利工程建设、电力建设等在内的基础产业和基础设施领域，支持民间资本进入包括城市供水、供气、供热、污水和垃圾处理、公共交通、城市园林绿化等领域的市政公用事业建设。考虑到公共事业投资额度大、回收期长的特点，创业投资是其融资的重要选择之一。

三、资本来源渠道更为多元

广东省内民间创业意识浓厚，汇集了大量中小企业群及跨国企业。目前，广东省正在形成包括政府财政资金、机构投资者资金、大型企业集团投资资金、个人投资者资金、外国风险资本等相结合的多元投资主体。

在创业投资资本来源方面，创投资本主要来源是政府及其相关机构。创业投资目

① 数据来源：《2014年度全球风险投资与趋势报告》。

标一般是那些处于种子期的高新技术企业，一般的投资主体都不愿意接受这种高风险的投资项目。2015 年 6 月，广东省设立了 45 亿元重大科技专项创业投资引导母基金，目的就是为了以财政资金来吸引众多券商、银行机构投资者等资金来支持广东省重大科技专项领域发展。

广东省民营资本投资逐步升温。2016 年 1—5 月，广东民间投资为 6 200. 82 亿元，增长 20. 0%，占整体投资的比重达 62. 9%，对整体投资增长的贡献率为 99. 7%。民间资本体量大、闲置资本较多且分散，如果利用不得当，将使得资源极大浪费。民间投资一直是拉动广东经济发展的"三驾马车"之一，广东省政府一直对民营资本的投资极为重视，已出台多部规定来推进民营资本进入基础设施、生态环保、先进制造业、社会民生等重点领域。民间资本已经成为创业投资融资渠道中的重要来源。

广东省的发展贵在其所拥有的得天独厚的地理优势。近年来，粤、港、澳的合作进一步加深，在"十二五"规划当中，广东省政府将"港澳合作的重点领域与合作方式研究"作为核心研究专题。2015 年召开的"粤澳合作联席会议"中表示，要牢牢把握国家深化改革、扩大开放和"一带一路"、广东自贸试验区建设等发展机遇，携手谱写粤澳合作新篇章。无论是整体发展环境，抑或是政策效应，港、澳投资力度将逐年加大。因此，港、澳资金的支持必将在未来成为创业投资资源之一。

此外，国外资本将逐步进入广东省的创投行业。例如，深圳的金蝶财务软件公司就是一个是利用海外创业投资资本获得成功的典范。国外资本实力雄厚，对其进行引进将为广东省创业投资行业资金需求提供较大的补充。同时，其还将带来成熟的国际化管理经验，培养出一批优秀的创业投资管理人才。

四、区域发展不平衡性增强

据广东省发改委统计，2015 年，广东省地区备案创业投资企业数为 111 家，仅次于江苏省与北京市，位列全国第三。备案企业总资产规模为 695. 2 亿元，排在全国第二。①

然而，这些成果大多来自于广州与深圳两个地区，特别是深圳，其贡献尤为突出。据统计，2014 年，全国创业企业的前 8 强，深圳就跻身 5 个名额。截至 2014 年 8 月，深圳地区聚集创业投资机构超过 8 000 家，占全国比例的 30% 以上，其中中小规模创投企业数量逾 3 500 家，达到上市规模的超过 400 家。创业投资管理资本多达 4 000 亿元。2015 年，深圳创投行业又取得重大发展。其金融业资产超过 9 亿美元，320 多家

① 数据来源：广东省发改委备案数据库（2015）。

企业在境内外上市。创业投资机构达4.6万家，注册资本超2.7万亿元。周边的东莞、惠州、佛山、中山等二级区域创业投资发展相对滞后。数据显示，广东省地区规模以上的创业投资企业数量共292家，其中深圳占据了179家，占到了61%的比例。广州市为81家，广东省其他地区加起来才32家。[①]

五、行业盈利难度持续增大

创业投资行业利润丰厚众所周知。在盈利模式上，企业不仅可以收取项目部分比例的管理费用，而且当项目运作成功后，创业投资企业能够以某种形式（比如企业IPO上市等）退出行业，从而获得高额的利润分成。广东省作为创业投资行业的先行者，2005年省内创业投资机构数量为31家，经过近10年的发展，2014年全省创业投资机构数量增至128家。[②] 如此快速的增长率，结果是行业利润被无限摊薄，各家机构、企业获得的收益必然进一步缩减。

众多创业投资机构如雨后春笋般地崛起，相比之下优质的创业投资项目数量却未能跟上发展的步伐。近年来，创业投资企业对于项目的争夺可谓是愈演愈烈。特别是对于上市前夕的项目，无论其地理位置如何、所在行业为哪种，都会有大量的创业投资机构趋之若鹜。有时为了得到项目，企业之间还会发生赤裸裸的价格竞争，这无疑在压低自我利润空间的同时，给创业投资整个行业的风气带来消极影响。

创业投资行业在投资上具有“价格向上刚性”的特点。该行业在投资项目的整体价格上具有普遍的上升趋势，存在着价格挡板。对于创投企业来说，节节攀升的价格必然会大幅吞噬该行业的整体利润。因此，从这一角度来说，创业投资行业的总体回报率也将降低。

此外，创业投资行业存在着沉重的税收负担。创业投资行业属于一个高风险行业，它的发展会对区域内创新创业起到明显的催化作用，其本应受到政府政策方面的支持与奖励。然而，现行的税法规定中，创业投资与其他企业一样，需要缴纳25%的所得税，这直接抽取了创业投资企业本就日渐减少的利润。因此，适度减税成为支持创投行业发展的必然趋势。

---

① 数据来源：CVsource2015年数据库。

② 数据来源：广东省发改委备案数据库（2015）。

参考文献

[1] H. 钱纳里，等．工业化和经济增长的比较研究［M］．吴奇，等译．上海：上海三联书店，1989.

[2] 西蒙·库兹涅茨．各国的经济增长［M］．常勋，等译．北京：商务印书馆，2005.

[3] 约瑟夫·熊彼特．经济发展理论［M］．何畏，等译．北京：商务印书馆，1990.

[4] 罗伯特·索洛，等．经济增长因素分析［M］．史清琪，等选译．北京：商务印书馆，1991.

[5] 道格拉斯·C. 诺斯，等．制度、制度变迁与经济绩效［M］．刘守美，译．上海：上海三联书店，1994.

[6] 弗兰克·H. 奈特．风险、不确定性与利润［M］．安佳，译．北京：商务印书馆，2006.

[7] 米尔顿·弗里德曼．货币的祸害——货币史片断［M］．安佳，译．北京：商务印书馆，2007.

[8] 鲁宾费尔德．微观经济学：第 4 版［M］．北京：中国人民大学出版社，2000.

[9] 彼得·纽曼，默里·米尔盖特，约翰·伊特韦尔．新帕尔格雷夫货币金融大辞典：第三卷［M］．北京：经济科学出版社，2000.

[10] 汉斯·兰德斯顿．全球风险投资研究［M］．李超，王一辛，毛心宇，等译．长沙：湖南科学技术出版社，2010.

[11] 成思危．风险投资：中国与世界互动［M］．北京：民主与建设出版社，2004.

[12] 卢现祥．西方新制度经济学［M］．北京：中国发展出版社，2005.

[13] 刘健钧．创业投资制度创新论：对“风险投资”范式的检讨［M］．北京：经济科学出版社，2004.

[14] 孔淑红．风险投资与融资［M］．北京：对外经济贸易大学出版社，2002.

[15] 高正平．政府在风险投资中作用的研究［M］．北京：中国金融出版

社，2003.

［16］林崇诚．创业风险投资与中国法律政策［M］．长春：吉林大学出版社，2009.

［17］陈德棉，蔡莉．风险投资国际比较与经验借鉴［M］．北京：经济科学出版社，2003.

［18］豆建民．风险投资与区域创新［M］．上海：上海财经大学出版社，2010.

［19］张景安．风险投资与中小企业技术创新研究［M］．北京：科学出版社，2008.

［20］田瑞增．创业投资激励理论与期权管理研究［M］．北京：人民出版社，2008.

［21］余红胜．大企业创业投资［M］．北京：中国财政经济出版社，2007.

［22］刘曼红．风险投资学［M］．北京：对外经济贸易大学出版社，2011.

［23］钱水土．中国风险投资的发展模式与运行机制研究［M］．北京：中国社会科学出版社，2002.

［24］胡海峰．美国创业资本制度与市场研究［M］．北京：人民出版社，2008.

［25］祝九胜．创业投资制度分析与机制研究［M］．北京：中国财政经济出版社，2004.

［26］王立国．创业投资发展研究［M］．大连：东北财经大学出版社，2004.

［27］吕炜．风险投资的经济学观察制度、原理及中国化应用的研究［M］．北京：经济科学出版社，2001.

［28］潘新平．中国产权交易市场概论［M］．北京：社会科学文献出版社，2004.

［29］范柏乃．现代风险投资运行与管理［M］．上海：同济大学出版社，2002.

［30］马君潞，马晓军，翟金林．风险投资与风险资本市场［M］．天津：南开大学出版社，2003.

［31］冯宗宪，谈毅，冯涛，等．风险投资理论与制度设计研究［M］．北京：科学出版社，2010.

［32］杨青，李钮．创业风险投资全过程评价原理与方法［M］．北京：中国经济出版社，2008.

［33］赵志军，张晓晖，尹海英．制约我国创业投资发展的环境因素研究［J］．经济纵横，2011（1）．

［34］王松奇，丁蕊．创业投资企业的组织形式与代理成本［J］．金融研究，2001（12）．

［35］郭戎．中国创业风险投资业的发展趋势［J］．中国科技投资，2009（10）．

［36］除宪平．风险投资模式的国际比较分析［J］．管理世界，2001（2）．

［37］王云龙．探索风险投资对技术创新的激励作用［J］．中国创业投资与高科技，2004（2）．

［38］万坤扬，袁利金．创业投资与技术创新关系的实证分析［J］．工业工程与管理，2006（1）．

［39］米建华．基于创业投资的长三角技术创新体系研究［J］．现代管理科学，2013（8）．

［40］王双正，陈立文．创业投资与经济增长关系研究［J］．科学管理研究，2003（4）．

［41］宋罡，徐勇．创业投资对高技术产业创新效率的影响研究［J］．东北大学学报（社会科学版），2013（1）．

［42］雪军等．创业投资与区域经济增长——基于中国东部10省的实证分析［J］．上海金融，2007（9）．

［43］蔡莉，朱秀梅，孙开利．我国风险投资区域聚类研究［J］．管理学报，2004（2）．

［44］程国琴．政府在风险投资中的制度供给作用［J］．工业技术经济，2006（2）．

［45］崔文杰．高新技术产业发展与风险投资［J］．财经问题研究，2004（3）．

［46］李宏昌，郑玉刚．建立和完善我国风险投资机制的策略［J］．经济问题，2008（8）．

［47］王卫东．风险投资运行模式的国际比较及对我国的启示［J］．中国金融，2006（10）．

［48］梁圣义，秦宇．我国发展风险投资政府引导基金模式研究［J］．商业经济，2009（12）．

［49］吴佳龙，齐巧．中美风险投资的比较分析及对我国风险投资的借鉴［J］．现代商业，2013（2）．

［50］侯青．金融危机背景下中国创业风险投资发展的研究［J］．知识经济，2009（12）．

［51］王晓东，赵昌文，李昆．风险投资的退出绩效研究——IPO与并购的比较［J］．经济学家，2004（1）．

［52］朱磊，丁立波．风险投资中分阶段投资的期权特性分析［J］．工业技术经济，2007（6）．

［53］汪波，宋连国，赵树亭．论政府在风险投资中的角色定位［J］．天津大学学报（社会科学版），2009（7）．

［54］杨军．中国创业投资发展与政府扶持研究［D］．南京：南京农业大学，2006.

［55］姜维益．我国创业风险投资发展问题研究［D］．南宁：广西大学，2008.

［56］崔春杰．创业投资后续管理研究［D］．郑州：郑州大学，2006.

［57］谢碧琼．创业投资与我国区域经济增长的实证研究［D］．杭州：浙江大学，2008.

［58］李玉兰．我国风险投资税收优惠法律制度研究［D］．重庆：西南政法大学，2011.

［59］岳蓉．中国风险投资的运行机制研究［D］．武汉：华中科技大学，2013.

［60］董爱文．中国创业风险投资退出机制分析［D］．上海：上海社会科学院，2011.

［61］单雪雨．创业风险投资集聚的驱动因素研究［D］．武汉：武汉理工大学，2010.

［62］李艳晏．创业风险投资制度研究［D］．上海：复旦大学，2011 年．

［63］DESSEIN W. Information and control in ventures and alliances［J］．The journal of finance，2005（5）．

［64］KAPLAN，STEVEN & STROMBERG P. Financial contracting theory meets the real world：an empirical analysis of venture capital contracts［J］．Review of economic studies，2003（70）.

［65］FLORIN A. Dorobantu，syndication and partial exit in venture capital：a signaling approach［R］．Working paper，2006.

［66］HOJE J. Venture capital syndication and firm value：entrepreneurial financing of grand junction networks［R］．Department of Finance，Leavey School of Business and Administration，Santa Clara University，Working paper，2000.

［67］LERNER J. The syndication of venture capital investments［J］．Journal of financial economics，1994（35）.

［68］WRIGHT M & Lochett A. The structure and management of alliances：syndication in the venture capital industry［J］．Journal of management studies，2003（40）.

［69］MANIGART S，LOCKETT A，MEULEMAN M，et al. Why do venture capital companies syndicate?［R］．Ghent University working paper，2004.

［70］SORENSON O & STUART T E. Syndication networks and the spatial［R］．Working paper, 2004.

[71] MANIGART S, LOCKETT A, MEULEMAN M, et al. Venture capitalists's decision to syndicate [R] . Working paper, 2006.

[72] JU KIMBERLY ZHENG. A social network analysis of corporate venture capital syndication [R] . Working paper in the University of Waterloo, 2006.

[73] HOCHBERG Y, LJUNGQVIST A & LU Y. Whom you know matters: venture capital networks and investment performance [R] . Working paper, 2005.

[74] BACHMANN R & SCHINDELE I. Theft and Syndication in Venture Capital Finance [R] . Working paper, 2005.

[75] GOMPERS P & JOSH L. An analysis of compensation in the US venture capital partnership [J] . Journal of financial economics, 1999 (51).

[76] BASCHA A & WALZ U. Convertible securities and optimal exit decisions in venture capital finance [J] . Journal of corporate finance, 2001.

[77] WANG L & WANG S. Economic freedom and cross-border venture capital performance [J] . Jourmal of empirical finance, 2012 (19).

[78] ZACHARAKIS A L & SHEPHERD D A. The nature of information and overconfidence venture capitalists' decision making [J] . Journal of business venturing, 2001, 16 (4).

[79] GOMPERS P A & LERNER J. Risk and reward in private equity investments: the challenge of performance assessment [J] . Journal of private equity, 1997 (1).

[80] PORTER. Clusters and the New Economics of Competition [J] . Harvard business reviews, 1998 (11).

[81] GARRY D, BRUTON & DAVID AHISTROM. An institutional view of China's venture capital industry explaining the difference between China and the west [J] . Journal of business venturing, 2003 (180).

[82] FRANCIS C & C K O H. Markets and industry venture capital and economic growth: an industry overview and Singapore's Experience [J] . The Singapore economic review, 2000 (2).

后　记

为了完成《广东省创业投资行业发展报告 2016》的编写，我们组成了由崔颖博士、朱卫平博士、顾乃华博士、广东正中珠江会计师事务所（特殊普通合伙）合伙人肖航共同领衔的《广东省创业投资行业发展报告 2016》编写组，现在呈现给大家的报告是编写组团队的共同劳动成果。编写过程中的具体分工情况如下：崔颖博士承担了该报告从立项、调研、撰写、出版到发行的策划工作；朱卫平博士、顾乃华博士和肖航共同承担了该报告写作思路和提纲的设计，并对写作过程进行了具体指导；艾尚乐博士承担了第一、二、三和六章共四章的撰写任务，谌玉琴女士承担了第四、五章的撰写任务，胡蓉女士承担了第七、八章的撰写任务。周潇女士、王子韵女士和刘郇健先生共同承担了报告撰写过程中会务组织、资料收集和信息沟通工作。

编写组

2016 年 10 月